2023 年度

国际经贸规则
观察报告

刘　斌　李川川　李建桐　秦若冰 / 著

Quantitative Analysis Report
on International Trade Rules (2023)

经济日报出版社

图书在版编目（CIP）数据

国际经贸规则观察报告2023年度 / 刘斌等著 . --
北京 : 经济日报出版社，2023.3
ISBN 978-7-5196-1317-4

Ⅰ.①国... Ⅱ.①刘... Ⅲ.①进出口贸易商用规则—
研究报告—2023 Ⅳ.①F746

中国国家版本馆CIP数据核字（2023）第069314号

国际经贸规则观察报告（2023年度）

著　　者	刘　斌　李川川　李建桐　秦若冰
责任编辑	宫婷婷
助理编辑	温　海
责任校对	陈　萍
出版发行	经济日报出版社
地　　址	北京市西城区白纸坊东街2号A座综合楼710（邮政编码：100054）
电　　话	010-63567684（总编室）
	010-63584556（财经编辑部）
	010-63567687（企业与企业家史编辑部）
	010-63567683（经济与管理学术编辑部）
	010-63538621 63567692（发行部）
网　　址	www.edpbook.com.cn
E－mail	edpbook@126.com
经　　销	全国新华书店
印　　刷	三河市祥宏印务有限公司
开　　本	710毫米×1000毫米　1/16
印　　张	12.25
字　　数	186千字
版　　次	2023年3月第1版
印　　次	2023年3月第1次印刷
书　　号	ISBN 978-7-5196-1317-4
定　　价	118.00元

本书受到以下项目基金资助：

教育部哲学社会科学研究重大课题攻关项目"全球经贸规则重构背景下的WTO改革研究"（21JZD023）、国家自然科学基金面上项目"贸易开放、国内运输成本与南北经济差距"（72173020）、世界贸易组织教席项目（WCP）、对外经济贸易大学区域国别研究联合专项课题资助（LHZX202204）、对外经济贸易大学2022年度课程思政研究课题资助（74223301）、2022年度对外经济贸易大学"双一流"建设项目"强化中国特色新型高校智库育人功能——国际经贸规则量化分析"（78220301）、对外经济贸易大学国家（北京）对外开放研究院智库科研团队专项（2023TD05）、对外经济贸易大学中央高校基本科研业务费专项资金资助（22QD13）。

内容简介

　　近年来，国际经贸规则呈现出诸多新特征，协定文本的"覆盖力"和"约束力"日益复杂，规制重点逐渐由"边境"措施转向"边境后"措施。积极对接和融入高标准国际经贸规则对于促进高水平对外开放和高质量发展具有重要意义。

　　本著作立足全球视野，重点梳理多边贸易谈判和区域贸易协定的最新进展，预测经贸规则的未来趋势，分析主要经济体全球经济治理新动向，进而提出参与全球经济治理的"中国方案"。

　　本著作的特点是对国际经贸规则进行"简约化"分析和"数量化"分析，为政府部门和企业国际化合规经营提供决策参考。

编 委 会

序　言

我们从未像今天这样深切感受到世界变化之快，这种变化不仅仅是宏观的，而且是具象的，映射到个人，这种变化也许是足以改变自身生活方式和精神世界的浪花，这种变化映射到国家、映射到全球，可能就是一股壮怀激烈的历史洪流。当今国际经济秩序、世界经济格局正面临深刻调整。近年来，WTO（World Trade Organization）运行一度举步维艰，但2022年WTO曙光频现，在渔业补贴规则、服务贸易国内规制、投资便利化、新冠疫苗知识产权豁免等方面取得重要进展，重新彰显了WTO的生命力。与此同时，近年来，区域贸易协定的热度不减，签订区域贸易协定的国家或地区数量激增，区域化已经成为全球经济治理的典型特征。在议题方面，国际经贸规则从"边境"规则大幅转向"边境后"规则，逐步涵盖数字经济、竞争政策、监管一致性等新一代国际经贸规则的议题。党的二十大报告提出："稳步扩大规则、规制、管理、标准等制度型开放。"中国如何对接高水平国际经贸规则，成为摆在学术界和政策界面前的现实问题，而对接高水平国际经贸规则的第一步无疑是对规则条款的深度梳理和准确理解，本报告试图从多边和区域的双重维度对全球经贸规则进行"全景化"透视和"热点化"追踪。

该年度报告主要内容包括：第一部分为当前WTO和FTA（Free Trade Agreement）动态观察，具体包括WTO和FTA谈判动态分析、重点国家谈判分析和主要经济体FTA经济网络分析；第二部分为重要国际经贸规则热点解析，具体包括多边贸易体制（WTO服务贸易国内规制、投资便利化）和区域贸易协定（全面与进步跨太平洋伙伴关系协定CPTPP、数字经济伙伴关系协定DEPA和区域全面经济伙伴关系协定RCEP）；第三部分为多边和区域未来动向，包括正在谈判的贸易协定和未来贸易协定预测分析；第四部分为本报告提出中国参与全球经济治理的方案。

本报告主要特点为量化分析，试图做到规则的可视化、分析的指数化，可供国际经贸规则领域学者与政策研究者参阅。具体而言，本报告聚焦 WTO、FTA、CPTPP、DEPA 与 RCEP 等规则对文本进行可视化分析，发布国际经贸规则相关指数（WTO 和 FTA 活跃度指数等），并使用神经网络与机器学习方法预测国际经贸规则未来动向，这是我们报告的三个主要特点。在这个报告之中，我们有三个学术上的发现。一是我们运用机器学习和神经网络的方法，分析了 CPTPP 可能加入的潜在国家，这与经济学人（economist）的判断近乎一致，同时我们也分析预测了美国等主要经济体 FTA 的签订概率，我相信这些分析会对政府决策提供一些参考。二是我们构建了 FTA 生效活跃度和 WTO 谈判活跃度两个指数，这为今后指数发布提供了基础，尽管指数的计算方法仍不够完善，但万事开头难，后期我们会持续修正。三是进一步论证了 WTO 规则的"三元悖论"及其诸边贸易谈判的具体路径，这一部分作为一个专题报告进行呈现。

由于时间关系和能力所限，第一本研究报告还存在不少问题，有些想法尚不成熟，可能更多的是一些敝帚自珍的主观臆断，当然不管怎样，敝帚虽微，但不能羞面见人。希望学术界的同人、读者不吝赐教，在今后的年度报告中，我们加以改进。

刘　斌

2023 年春节于家中

目　录

一、2022年WTO和全球FTA动态观察

（一）多边层面

1. WTO渔业补贴协定达成重要成果

（1）WTO渔业补贴协定透视

2022年6月17日，WTO（World Trade Organization）《渔业补贴协定》于日内瓦签订。从文本数据看，成果涉及以下几个方面：

首先，协定涉及12个条款，包括范围、作用对象、特殊与差别待遇以及实施与运用等内容（图1-1-1），其中对非法、未报告和无管制（illegal，unreported，unregulated，IUU）捕捞活动的补贴条款是这次协定的核心成果，关于过度捕捞的补贴条款后续需进一步谈判。

渔业产品主要分为海洋渔业和淡水渔业。前者包括海洋捕捞、海水养殖、远洋渔业、渔业工程等；后者包括淡水鱼的养殖，捕捞的比例已经很小。该协定在第1条范围明确指出："专向性的对海洋野生捕捞和海上与捕捞有关的活动的补贴，水产养殖和内陆渔业排除在本协定范围之外。"可见，该协定仅针对海洋渔业。

其次，从词云图（图1-1-2）可以看到文本关键词的高频出现情况，"IUU捕捞"和"委员会"是两个重要的高频词，一方面对IUU捕捞活动的补贴条款是这次协定的主要成果，协定对其进行了详细说明；另一方面协定要求设立渔业补贴委员会，委员会负责就协定运用等相关事项向各成员方提供磋商通报的机会。

《渔业补贴协定》（共12条）2022年6月17日订于日内瓦
- 范围
  - 对海洋野生捕捞和海上与捕捞有关的活动的补贴，不包括水产养殖和内陆渔业（第1条）
  - 相关定义（第2条）
- 作用对象
  - 助长非法、未报告和无管制的捕捞活动的补贴（第3条）
  - 有关过度捕捞鱼类种群的补贴（第4条，进一步谈判）
  - 沿海成员和沿海非成员或区域渔业管理组织管辖范围以外的捕捞和相关活动的补贴（第5条）
- 特殊与差别待遇
  - 针对最不发达国家成员的特别条款（第6条）
  - 向发展中国家成员（特别是最不发达国家成员）提供技术援助和能力建设援助（第7条）
- 协定的实施与运用
  - 加强和提高渔业补贴通报（第8条）
  - 设立渔业补贴委员会（第9条）
  - 磋商与争端解决（第10条）
- 补充说明
  - 例外条款（第11条）
  - 全面纪律未获通过情况下的协定终止（第12条）

图 1-1-1 《渔业补贴协定》主要内容

资料来源：WTO，https：//www.wto.org/english/thewto_e/minist_e/mc12_e/documents_e.htm。

图 1-1-2 《渔业补贴协定》词云图

资料来源：WTO，https：//www.wto.org/english/thewto_e/minist_e/mc12_e/documents_e.htm。

最后，"助长非法、未报告和无管制的捕捞活动的补贴"（图1-1-3）、"有关过度捕捞鱼类种群的补贴"（图1-1-4）以及"通报和透明度"（图1-1-5）三项条款是《渔业补贴协定》的重要议题。

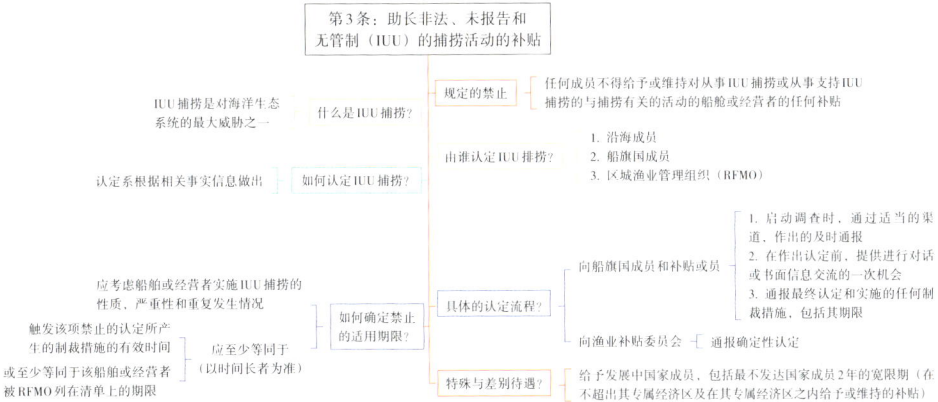

图1-1-3 "助长非法、未报告和无管制的捕捞活动的补贴"的条款内容
资料来源：WTO，https：//www.wto.org/english/thewto_e/minist_e/mc12_e/documents_e.htm。

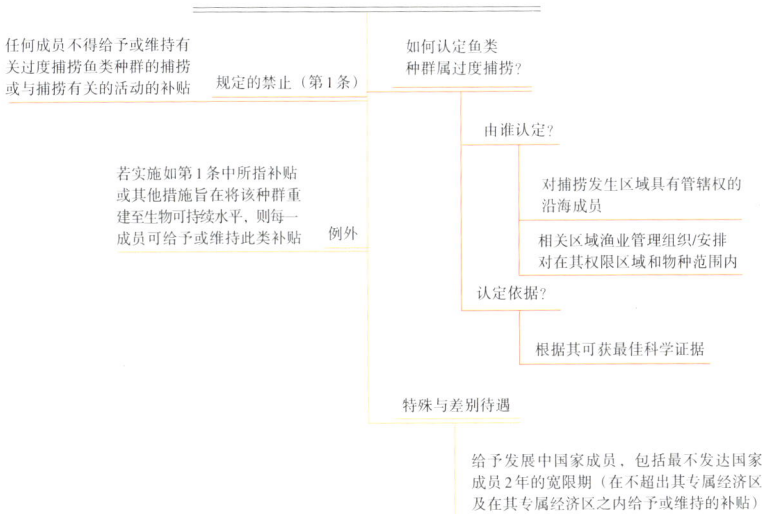

图1-1-4 "有关过度捕捞鱼类种群的补贴"的条款内容
资料来源：WTO，https：//www.wto.org/english/thewto_e/minist_e/mc12_e/documents_e.htm。

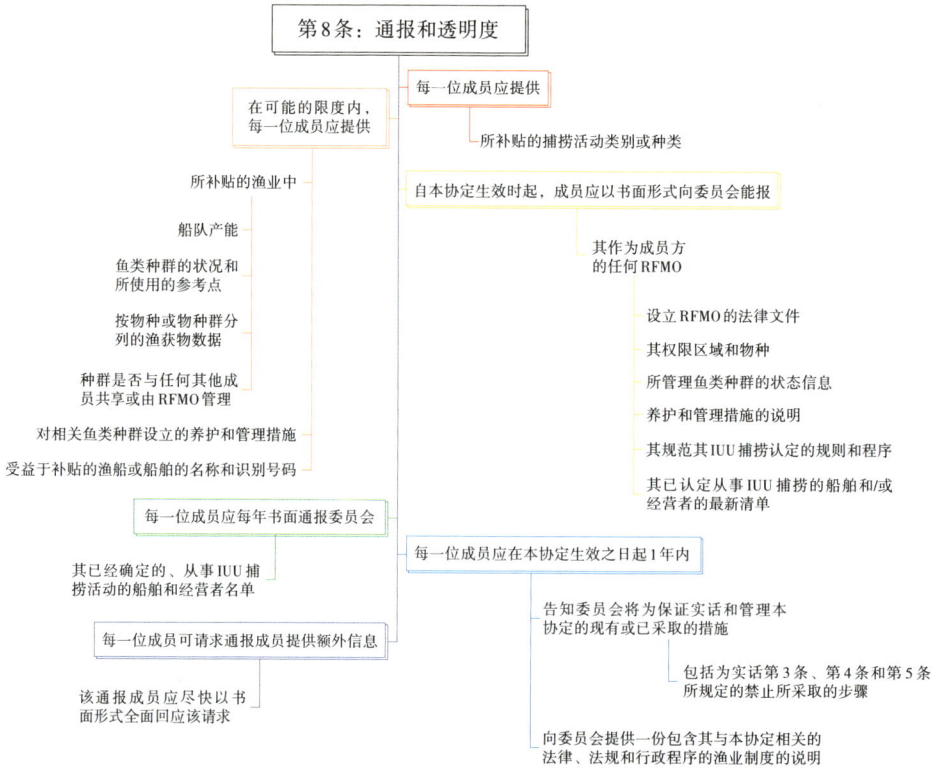

图 1-1-5　"通报和透明度"的条款内容

资料来源：WTO，https：//www.wto.org/english/thewto_e/minist_e/mc12_e/documents_e.htm。

渔业补贴协议谈判历时21年取得实质性进展，《渔业补贴协定》是世界贸易组织过去9年达成的首份多边协定，也是首份主要旨在实现环境可持续发展目标的多边协定。如图1-1-6所示，2001年，制定渔业补贴全球规则便是世界贸易组织规则谈判小组的主题之一；2005年商定谈判任务后，谈判一直进展缓慢；2021年2月，恩戈齐·奥孔乔-伊韦拉出任WTO新任总干事后规则谈判进展加快；2022年6月12日至17日，MC12（The WTO's 12th Ministerial Conference）最终达成"日内瓦一揽子计划"，其中包括关于终结有害渔业补贴的《渔业补贴协议》。

2022年6月，MC12达成含《渔业补贴协议》在内的"日内瓦一揽子计划"

2021年11月，WTO规则谈判小组提交渔业补贴协定草案供MC12审议

2015—2018年，达成的TPP\CPTPP\USMCA高标准RTA涉及渔业补贴规则

2013年，WTO首份多边贸易协定——"巴厘岛一揽子协定"未涵盖渔业补贴问题，此后多边协定谈判陷入停顿

2017年，MC11议定MC12应通过一项全面有效纪律协定

2001年，WTO成立时渔业补贴全球规则便成为WTO规则谈判小组的主题之一

2015年，联合国通过多个可持续发展目标

2005年，WTO商定渔业补贴规则谈判任务，但后期谈判进展缓慢

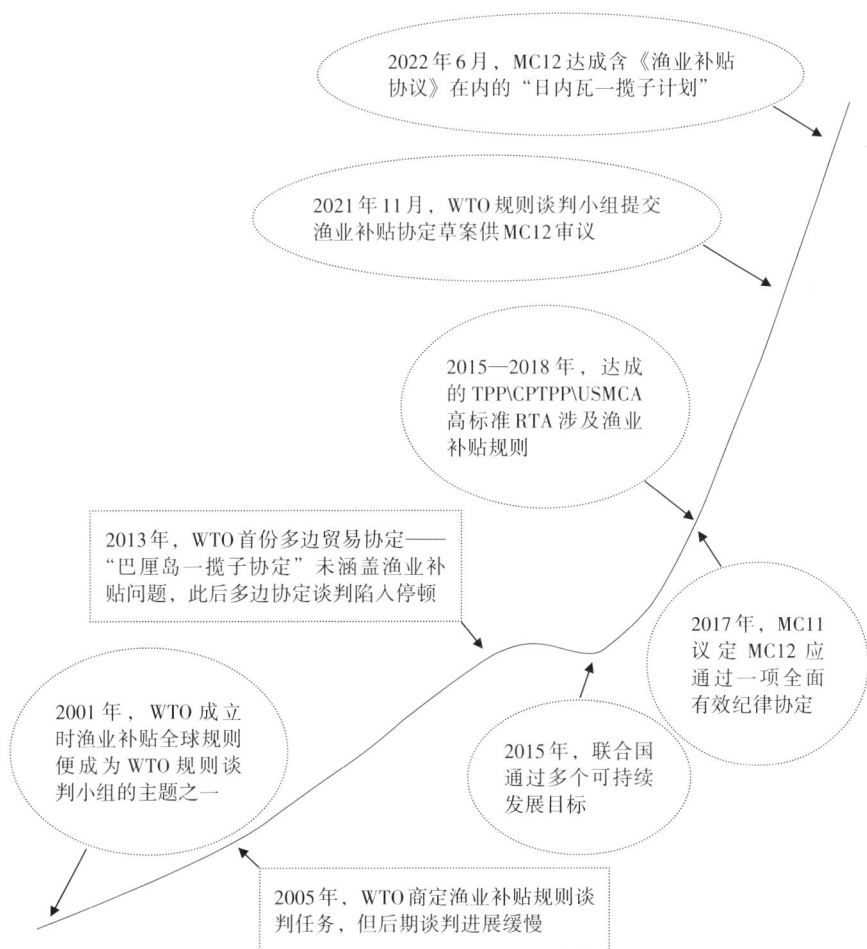

图1-1-6 《渔业补贴协定》的谈判历程

资料来源：WTO，https://www.wto.org。

（2）WTO渔业补贴协定与CPTPP、USMCA的区别

USMCA（United States-Mexico-Canada Agreement）与CPTPP（Comprehensive and Progressive Agreement for Trans-Pacific Partnership）强调对鱼类种群的保护和管理，《渔业补贴协定》则要求加强信息通报，充分发挥委员会作用。三者的词云图表明（图1-1-7、图1-1-8和图1-1-9），其关注的重点均为限制渔业补贴以及打击IUU的捕捞活动。此外，USMCA与CPTPP的渔业补贴规则中，conservation和management词频均位居前列，追溯文本可以发现，上述规则

关于对鱼类种群的保护和管理措施有较为详细的规定，这反映出逐步废除渔业补贴和加强对IUU捕捞的管制后，渔业管理规则可能出现的新趋势；而《渔业补贴协定》中，"保护和管理措施"只是在第8条"通报和透明度"中两次出现，说明其当前重心尚不在此。相较而言，《渔业补贴协定》词云图中information和committee十分突出，这表明协定在信息通报、信息交流方面对成员要求更高，此外，特别设立的渔业补贴委员会被赋予重要地位，预期将发挥关键作用，确保协定内容的落实。

图1-1-7　USMCA渔业补贴规则词云图

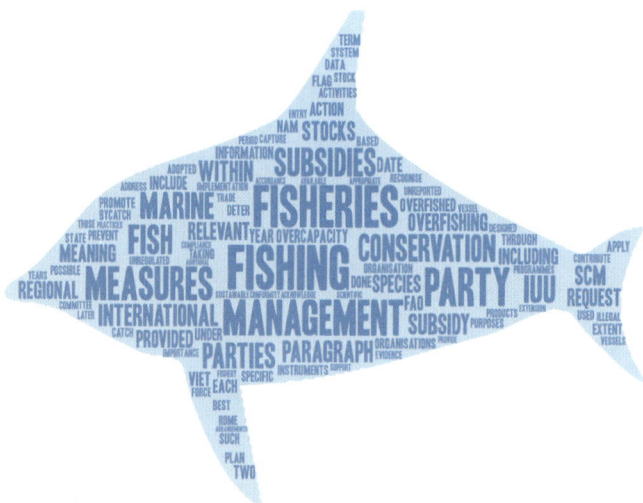

图1-1-8　CPTPP渔业补贴规则词云图

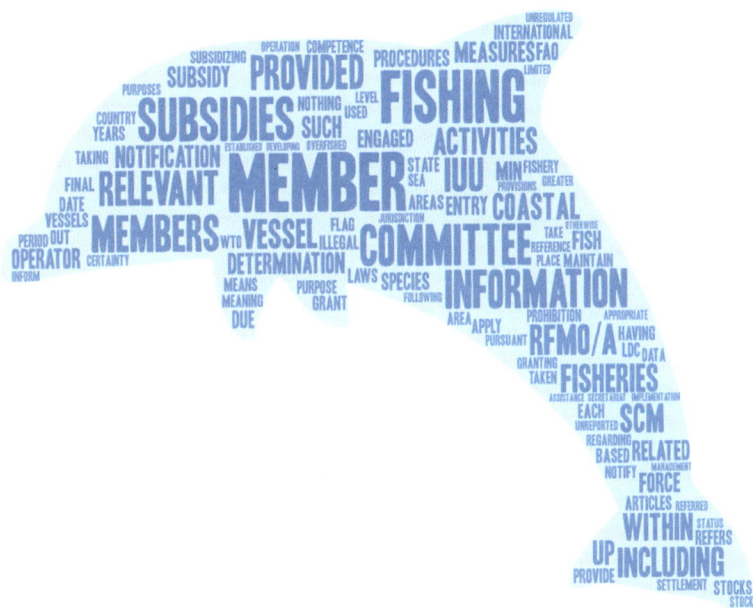

图1-1-9 《渔业补贴协定》词云图

资料来源：https://ustr.gov/sites/default/files/files/agreements/usmca/24_Environment.pdf；http://www.mofcom.gov.cn/article/zwgk/bnjg/202101/20210103030014.shtml；https://docs.wto.org/dol2fe/Pages/SS/direct-doc.aspx？filename=q：/WT/MIN22/33.pdf&Open=True

WTO《渔业补贴协定》与USMCA、CPTPP等高标准FTA（Free Trade Agreement）的渔业补贴条款相比，在深度上仍存在不足。借助Python的Text-Blob库，我们对上述三个协定涉及渔业补贴的文本以句子为单位进行了情感分析，进而判断各协定渔业补贴条款的深度。图1-1-10展示了分析结果，其中横轴emo表示情感分值，纵轴density表示获得特定分值的句子在各协定文本中出现的概率。我们发现，WTO《渔业补贴协定》文本中约43%的句子获得的情感分值为0，即不包含任何对于渔业补贴的限制性表述；相比之下，USMCA和CPTPP的相关条款中这类句子的比例分别仅有约24%和33%。经过加权计算，进一步发现，WTO《渔业补贴协定》文本整体的情感分值为0.126，而USMCA和CPTPP协定相关条款整体的情感分值分别达到了0.172和0.130。这一结果说明，WTO《渔业补贴协定》对于渔业补贴的限制性表述最少，CPTPP协定次之，USMCA最多。当然，从相对差距看，WTO《渔业补贴协定》与CPTPP并没有体现出明显差距，中国申请加入CPTPP在渔业补贴规则方面并不存在明显障碍。

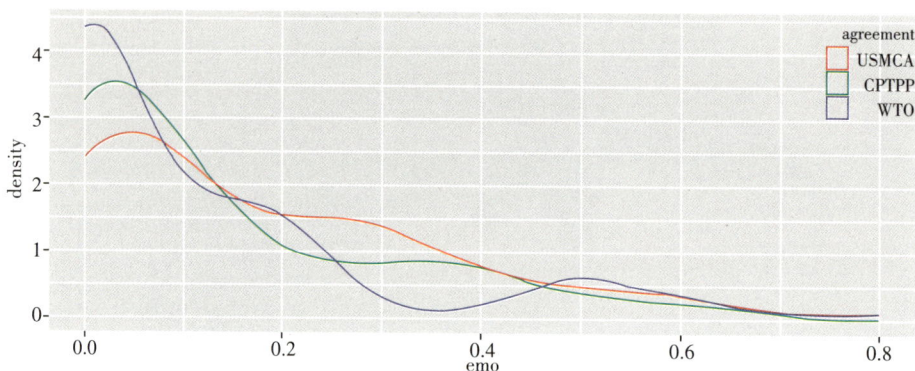

图1-1-10　WTO《渔业补贴协定》与USMCA、CPTPP相关条款的深度对比图
资料来源：原始数据来源于WTO、USMCA、CPTPP与渔业补贴有关的英文文本。

（3）主要经济体渔业补贴强度分析

全球渔业补贴总额达354亿美元，其中三分之二为有害扩能渔业补贴。据Sumaila et al.（2019）测算，2018年全球渔业补贴总额约为354亿美元，其中，可能导致产能过剩和过度捕捞的有害扩能渔业补贴为222亿美元，约占全球渔业补贴总额的62%。就地区分布来看（图1-1-11），亚洲是目前渔业补贴最多的地区，占全球补贴总额的55%，欧洲和北美洲紧随其后，渔业补贴占全球补贴总额的比重分别为18%、13%。就补贴类型来看，亚洲和非洲的渔业补贴以增强渔业捕捞能力为目的的扩能补贴为主，扩能补贴在上述地区渔业补贴总额中占比达70%，有益补贴占比则不足25%；与之相比，北美洲地区的有益补贴份额相对较高，2018年北美洲渔业补贴总额中有益补贴占比达58%，上述补贴主要用于渔业管理服务、渔业研发和渔业资源养护。

中国渔业补贴强度显著低于韩国、加拿大、西班牙、日本、美国等发达国家。作为全球最大的渔业生产国，中国2018年捕捞渔业总产量达1483万吨，占全球捕捞渔业总产量的15%。就渔业补贴强度而言，2018年中国每吨捕捞渔业产品享受的补贴金额约为490美元，仅相当于韩国、加拿大渔业补贴强度的22%、49%，与西班牙、日本、美国等发达国家相比处于较低水平，但略高于俄罗斯、印度尼西亚、秘鲁等渔业出口国（图1-1-12）。

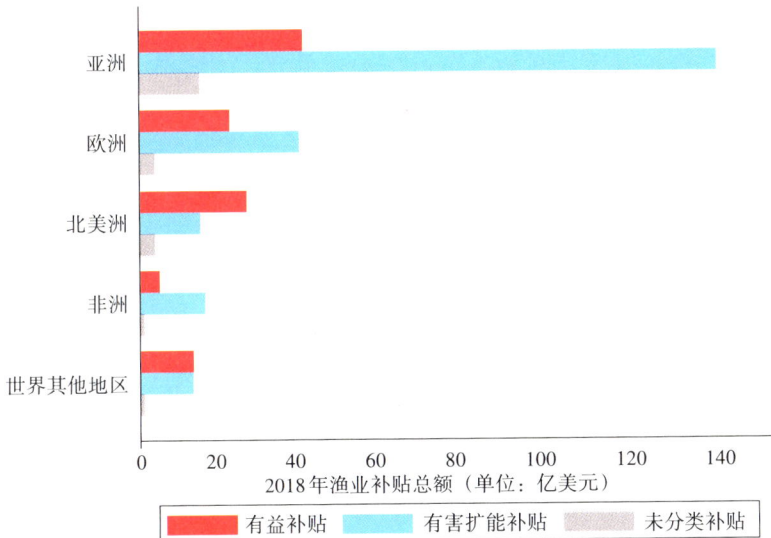

图1-1-11 全球渔业补贴规模及地区分布特征

资料来源：Sumaila et al。（2019），https：//doi.org/10.1016/j.marpol.2019.103695。

注：有益补贴指有益于渔业资源可持续发展的补贴，有害扩能补贴指以增强捕捞能力为目的、可能直接导致生产能力过剩和过度捕捞的有害补贴，包括燃料补贴、免税项目等。

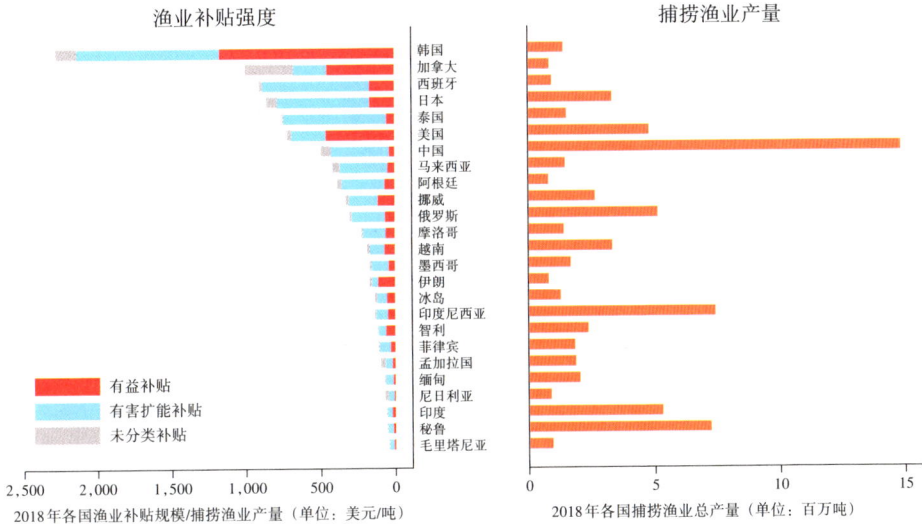

图1-1-12 2018年全球主要渔业生产国渔业补贴强度和捕捞渔业总产量

资料来源：Sumaila et al.（2019），https：//doi.org/10.1016/j.marpol.2019.103695；FAO，https：//www.fao.org/fishery/statistics-query/en/capture/capture_quantity。

注：（图1-1-12）统计的是全球前25大渔业生产国，上述国家捕捞渔业产量约占全球捕捞渔业总产量的80%。

（4）主要经济体渔业贸易流向分析

渔业出口规模最大为挪威，进口最大为美国，中国进、出口均居全球第二。从出口总量来看（图1-1-13），2021年全球渔业产品出口额前五名为挪威、中国、印度、加拿大和智利，五国渔业出口量占全球渔业出口总量的41.3%。从进口总量来看，2021年全球渔业产品进口额前五名为美国、中国、日本、西班牙和法国，五国渔业进口量占全球渔业进口总量的54%。

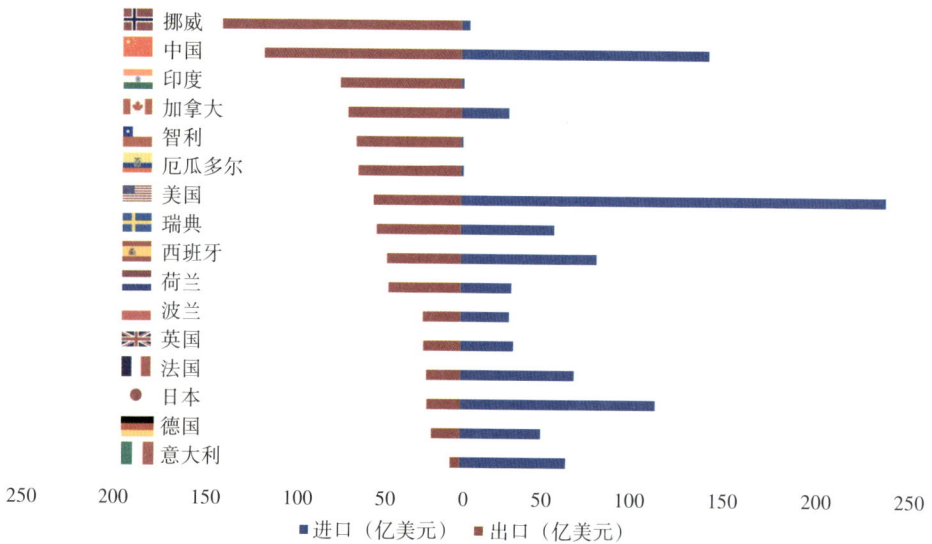

图1-1-13　2021年全球主要国家或地区渔业进出口情况（单位：亿美元）

资料来源：UNComtrade，https://comtrade.un.org/data，此处渔业分类参考HS编码第3章。图中包括全球渔业进、出口各前十名，共16个样本。

中国进出口大致均衡，以美国为进口中心，欧洲内部贸易量大，从欧洲内部贸易密集。从国家层面来看，2021年贸易额前五名的渔业产品进出口关系为：加拿大出口至美国、印度出口至美国、智利出口至美国、厄瓜多尔出口至中国、中国出口至日本，五者渔业贸易量之和占全球渔业贸易量的14.8%。总体上呈现出中国进出口大致平衡、欧洲内部贸易量大、美国进口量大的特点（图1-1-13）。

2. WTO服务贸易国内规制谈判顺利完成

（1）《服务贸易国内规制参考文件》解读

2021年12月2日，中国、欧盟、美国等67个世贸组织成员共同发表《关于完成服务贸易国内规制谈判的宣言》（简称《宣言》），确认谈判顺利完成。谈判致力规范服务贸易国内规制，即各成员实施的有关许可要求、资格要求及技术标准，并影响服务贸易的各项措施。谈判的主要成果是《宣言》的两个附件。附件一为《服务贸易国内规制参考文件》（简称《参考文件》），它对国内规制确立了具体规则。附件二为参加成员提交的承诺减让表。这些承诺表以各方在GATS（The General Agreement on Trade in Services）下的承诺为基础进行增补，纳入《参考文件》的最新要求。但附件二尚未披露。

A. 文本解析

《参考文件》包括总则、服务贸易国内规制规则和金融服务国内规制的选择性规则三部分内容。

《参考文件》第一部分（图1-1-14），即总则部分明确文件宗旨，并对成员义务做出规定。总则部分首先说明，各成员根据GATS第6条第4款开展谈判，就《参考文件》中进一步澄清服务贸易国内规制规则达成一致。总则强调，文

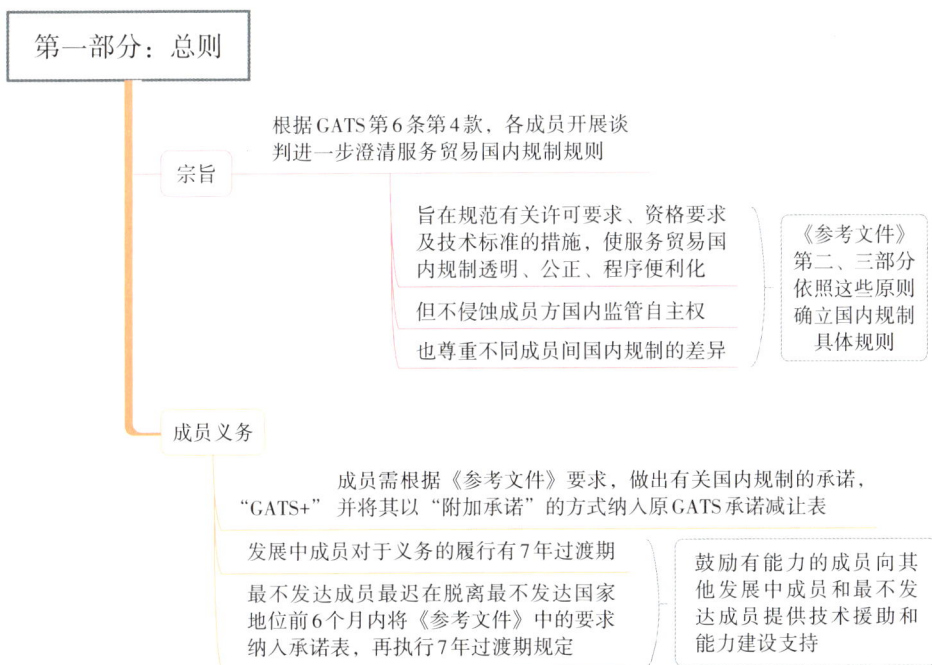

图1-1-14 《参考文件》第一部分主要内容

资料来源：WTO，https://www.wto.org/english/tratop_e/serv_e/jsdomreg_e.htm#participation。

件中确立的规则在加强国内规制透明度和便利性的同时，也为各成员保留足够的政策空间。在成员义务方面，《参考文件》呈现"GATS+"的特征，成员应按照《参考文件》要求就服务贸易国内规制做出各自承诺，并根据GATS第18条将其以"附加承诺"的方式纳入原GATS承诺减让表。

总则部分体现发展导向。包括中国在内的发展中成员可指定服务部门或子部门，对相关义务的履行享有最长7年的过渡期，过渡期时长应列入各自的具体承诺表。最不发达成员在脱离最不发达国家地位6个月前，不被要求对国内规制做出具体承诺。目前加入服务贸易国内规制联合声明倡议的成员共70个，其中东帝汶是唯一的最不发达成员，几乎所有发达经济体都已加入倡议。从地区分布来看，超半数成员来自欧洲，而非洲国家的参与率最低（表1-1-1）。

表1-1-1 服务贸易国内规制联合声明倡议参加成员

	发达成员（合计37个）		发展中成员（合计32个）		最不发达成员（1个）
亚洲（合计15个）	日本	新加坡	中国	土耳其	东帝汶
	韩国	中国香港	泰国	阿联酋	
	以色列	台澎金马关税区	巴林	沙特阿拉伯	
			菲律宾	哈萨克斯坦	
欧洲（合计39个）	英国	比利时	俄罗斯	波兰	
	法国	西班牙	乌克兰	黑山	
	捷克	意大利	匈牙利	保加利亚	
	芬兰	卢森堡	北马其顿	罗马尼亚	
	瑞士	葡萄牙	克罗地亚	摩尔多瓦	
	荷兰	立陶宛	格鲁吉亚	阿尔巴尼亚	
	德国	奥地利			
	希腊	马耳他			
	挪威	塞浦路斯			
	冰岛	拉脱维亚			

续表

	发达成员（合计37个）		发展中成员（合计32个）		最不发达成员（1个）
欧洲（合计39个）	瑞典	斯洛伐克			
	丹麦	爱沙尼亚			
	爱尔兰	斯洛文尼亚			
		列支敦士登			
美洲（合计12个）	美国		巴西	阿根廷	
	加拿大		智利	墨西哥	
			秘鲁	乌拉圭	
			萨尔瓦多	巴拉圭	
			哥伦比亚	哥斯达黎加	
大洋洲（合计2个）	澳大利亚				
	新西兰				
非洲（合计2个）			尼日利亚		
			毛里求斯		

资料来源：WTO，https://www.wto.org/english/tratop_e/serv_e/jsdomreg_e.htm#participation。

　　《参考文件》第二部分确立服务贸易国内规制的具体规则，确保相关措施客观透明、程序公正简便如图1-1-15所示。首先，《参考文件》第二部分明确国内规制规则可适用的措施与例外，特别强调不适用于市场准入与国民待遇相关的措施。之后，第二部分引入"授权"这一重要概念，指出授权相关的措施应满足四条基本标准，其中包括不会造成性别歧视。关于授权程序中的具体规则，第二部分从"透明度""申请人申请获得授权"和"申请受理与处理"等方面展开。

第二部分：服务贸
易国内规制规则

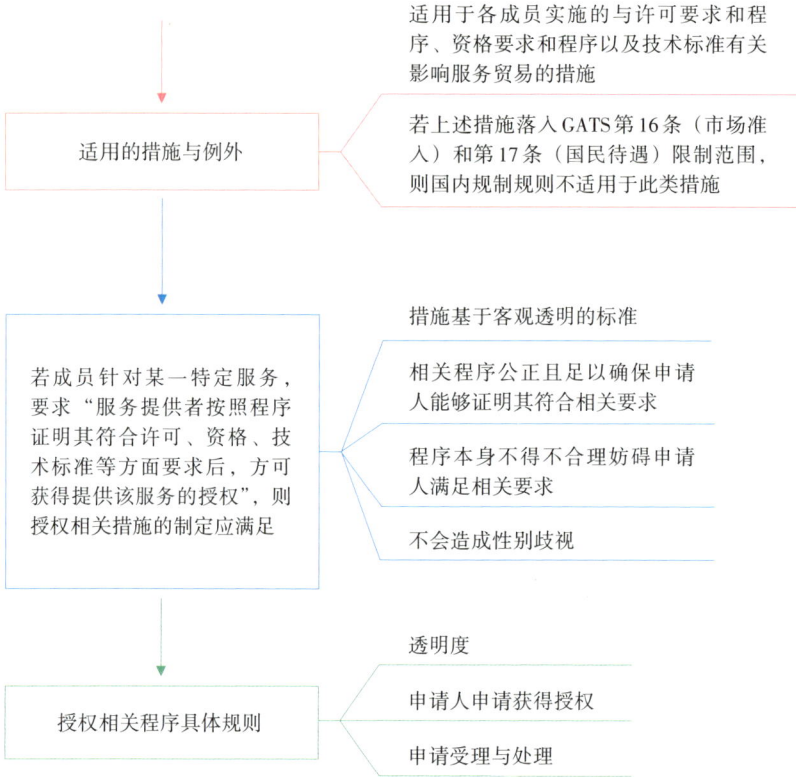

适用于各成员实施的与许可要求和程序、资格要求和程序以及技术标准有关影响服务贸易的措施

适用的措施与例外

若上述措施落入 GATS 第 16 条（市场准入）和第 17 条（国民待遇）限制范围，则国内规制规则不适用于此类措施

措施基于客观透明的标准

若成员针对某一特定服务，要求"服务提供者按照程序证明其符合许可、资格、技术标准等方面要求后，方可获得提供该服务的授权"，则授权相关措施的制定应满足

相关程序公正且足以确保申请人能够证明其符合相关要求

程序本身不得不合理妨碍申请人满足相关要求

不会造成性别歧视

授权相关程序具体规则

透明度

申请人申请获得授权

申请受理与处理

图 1-1-15 《参考文件》第二部分主要内容

资料来源：WTO, https://www.wto.org/english/tratop_e/serv_e/jsdomreg_e.htm#participation。

"透明度"部分对成员的信息公开和交流提出要求。如图 1-1-16 所示，若成员要求提供某一特定服务需要授权，则在授权程序中，首先应提高透明度，向申请人充分提供有关授权的必要信息，包括资格要求、申请程序、申请费用等等，同时建立咨询机制，解答服务提供者可能的疑惑。此外，制定法律法规应提前征询并充分考虑利害关系方和其他成员的意见，及时进行交流反馈。

申请授权程序中，应去除繁文缛节、简化程序，为申请人减轻负担。如图 1-1-17 所示，不要求申请人向多个部门反复提交申请，不强制要求接受原件，确保费用合理，不对服务提供本身造成障碍。对申请进行评估时，需采用

透明度

立即发布服务提供者为获得授权所需的信息
- 资格要求
- 申请程序
- 申请费用
- 时间表
- 主管部门联系方式等

法律法规生效前的征询意见
- 提前公布相关法律法规草案和说明性文件以便征询意见
- 在可行情况下应当向利害关系方和其他成员提供发表意见的机会，并对这些意见给予充分考虑，尽可能解释法律法规的意图和合理性
- 在可行情况下应确保在相关法律法规发布后有合理时间让服务提供者做执行前的准备

咨询点　　建立咨询机制，解答服务提供者提出的咨询

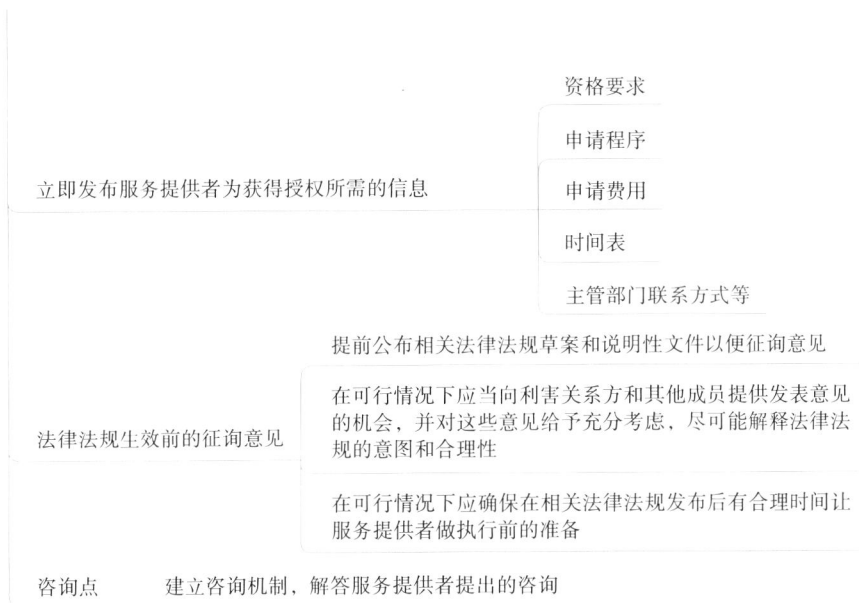

图 1-1-16　《参考文件》第二部分"透明度"主要内容

资料来源：WTO，https：//www.wto.org/english/tratop_e/serv_e/jsdomreg_e.htm#participation。

申请人申请获得授权

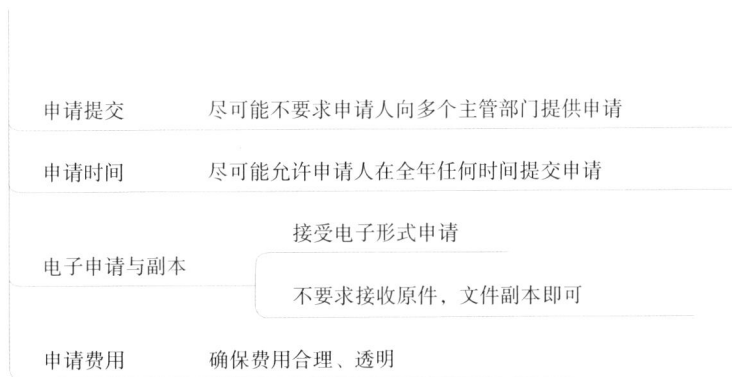

申请提交　　尽可能不要求申请人向多个主管部门提供申请

申请时间　　尽可能允许申请人在全年任何时间提交申请

电子申请与副本
- 接受电子形式申请
- 不要求接收原件，文件副本即可

申请费用　　确保费用合理、透明

图 1-1-17　《参考文件》第二部分"申请人申请获得授权"内容

资料来源：WTO，https：//www.wto.org/english/tratop_e/serv_e/jsdomreg_e.htm#participation。

公正客观的标准，如果需要对申请人设置考试，应制定具有合理频率和期限的评估时间表，最后确保主管部门独立自主作出决定。

关于申请受理与处理，如图 1-1-18 所示，《参考文件》要求成员国尽可能

为申请人提供处理申请的时间表，并尽快确定申请信息是否完整：若申请信息完整，成员国应在合理时限内完成对申请的处理，并以书面方式告知申请人结果；若申请信息不完整，则成员国应及时通知申请人相关情况，确定需要补充的信息，并允许申请人对相关信息进行补充后完成相关申请。

《参考文件》第三部分为金融服务规制单独设置规则。如图1-1-19所示，考虑到金融服务的特殊性，各成员有权自行决定是否将这部分要求纳入承诺表。第三部分对申请时间、电子申请的提交和副本的接受、申请文件的审查、费用、主管机关作出决定的独立性、法规生效前的征询意见、咨询点等方面也作出了规定，内容与第二部分类似，但删去了与技术标准有关的表述。

申请受理与处理

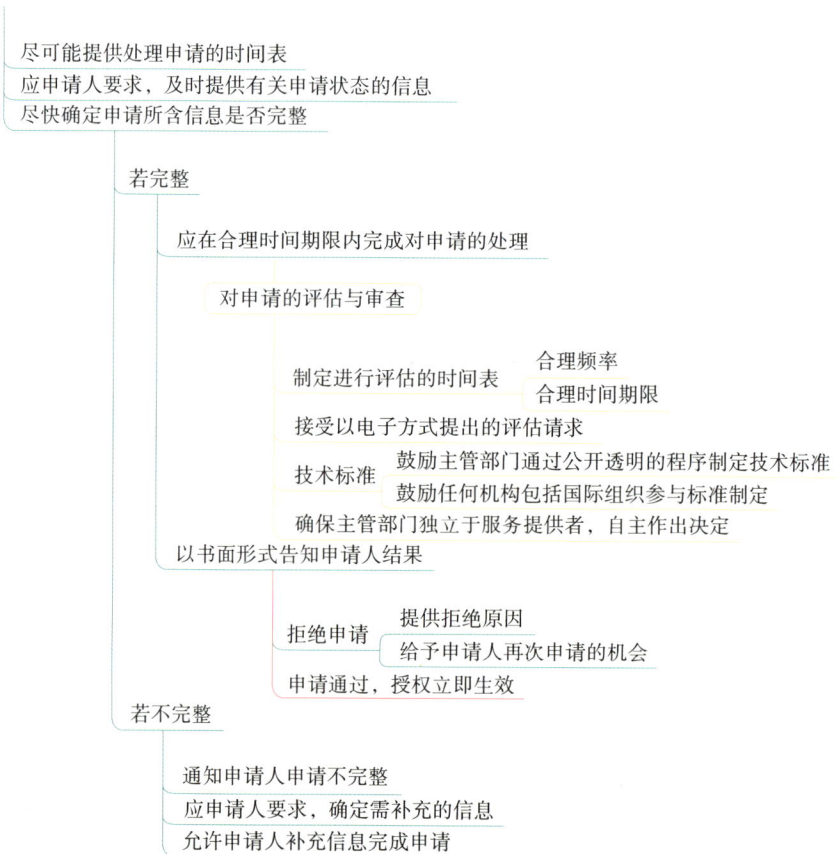

尽可能提供处理申请的时间表
应申请人要求，及时提供有关申请状态的信息
尽快确定申请所含信息是否完整

若完整
应在合理时间期限内完成对申请的处理
对申请的评估与审查
制定进行评估的时间表 —— 合理频率 / 合理时间期限
接受以电子方式提出的评估请求
技术标准 —— 鼓励主管部门通过公开透明的程序制定技术标准 / 鼓励任何机构包括国际组织参与标准制定
确保主管部门独立于服务提供者，自主作出决定
以书面形式告知申请人结果
拒绝申请 —— 提供拒绝原因 / 给予申请人再次申请的机会
申请通过，授权立即生效

若不完整
通知申请人申请不完整
应申请人要求，确定需补充的信息
允许申请人补充信息完成申请

图1-1-18 《参考文件》第二部分"申请受理与处理"主要内容

资料来源：WTO，https://www.wto.org/english/tratop_e/serv_e/jsdomreg_e.htm#participation。

第三部分：金融服务
贸易国内规制规则 → 适用于各成员采取的与许可要求，资格要求
有关并对金融服务贸易产生影响的措施

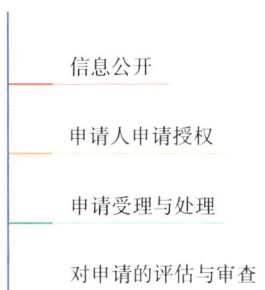

信息公开

申请人申请授权

申请受理与处理

对申请的评估与审查

图1-1-19 《参考文件》第三部分主要内容

资料来源：WTO，https：//www.wto.org/english/tratop_e/serv_e/jsdomreg_e.htm#participation。

服务贸易国内规制诸边谈判在较短时间内完成，一大原因在于其历史渊源颇深。1993年达成的GATS虽对与市场准入、国民待遇有关的服务贸易壁垒制定了约束规则，却未对各成员的服务贸易国内规制行为进行规范，只是在第6条第4款规定，后续应设立适当机构，进一步制定规则。1999年，WTO设立的服务贸易国内规制工作组开始主持谈判工作。多哈回合谈判启动后，服务贸易国内规制议题进入深入讨论阶段，但随着多哈回合的破裂，国内规制多边谈判也逐渐放缓。2017年，59个WTO成员就服务贸易国内规制议题启动诸边谈判。而在短短4年内，谈判就宣告成功，这很大程度上要归功于此前持续多年的对该议题的充分讨论与谈判成果的积累。相较而言，对较新出现的议题，即使同样开展诸边谈判，进展也不会如此顺利（图1-1-20）。

B. 规则对比

《参考文件》与GATS既紧密联系又相互区别。如表1-1-2所示，《参考文件》与GATS的主要联系，《参考文件》本身是成员按照GATS第6条第4款要求谈判达成的，旨在进一步规范服务贸易国内规制。此外，《参考文件》中的规则包含并扩充了GATS第6条的部分内容，《参考文件》确定的成员关于国内制度的义务可依照GATS第18条较为方便地纳入承诺减让表，而不影响已有权利义务。《参考文件》与GATS的区别则主要体现在议题的广度、深度方面，GATS对国际服务贸易管理问题作出了全面系统的规定，但对国内规制问题不够深入，《参考文件》则聚焦于此，为GATS提供有益补充。

MC11 举行期间，59 个 WTO 成员决定与 WPDR 共同推进国内规制谈判，并发布《服务贸易国内规制联合倡议》和《服务贸易国内规制联合声明》

2021 年

67 个世贸组织成员宣布完成联合倡议谈判，达成《服务贸易国内规制参考文件》

2019 年

2017 年

联合倡议参加成员发布第二份《服务贸易国内规制联合声明》，同意在 MC12 上将谈判成果纳入各自在 GATS 下的承诺减让表

2011 年

WPDR 发布截至 2011 年的国内规制谈判进展报告

2001 年多哈回合谈判启动后，WPDR 进行了多次正式协商会议

2006 年   **2005 年**

2001 年

多哈回合谈判破裂，国内规制多边谈判也暂时搁置

WTO 第六届部长会议发布宣言，要求加快服务贸易国内规制有段拟定案文

WTO 服务贸易理事会建立专业服务工作组（WPPS），主持专业服务部门的国内规制谈判工作

60 多个成员递交提案，各方对 WPDR 整合后发布的案文进行讨论

1999 年

WTO 通过《关于国内规制的决定》，成立服务贸易国内规制工作组（WPDR），取代 WPPS

1998 年

1995 年

WPPS 制定《会计服务贸易国内规制准则》

1993 年

乌拉圭回合谈判达成《服务贸易总协定》（GATS）

GATS 第 6 条第 4 款规定，服务贸易理事会应设立适当机构，对服务贸易国内规制制定必要的纪律

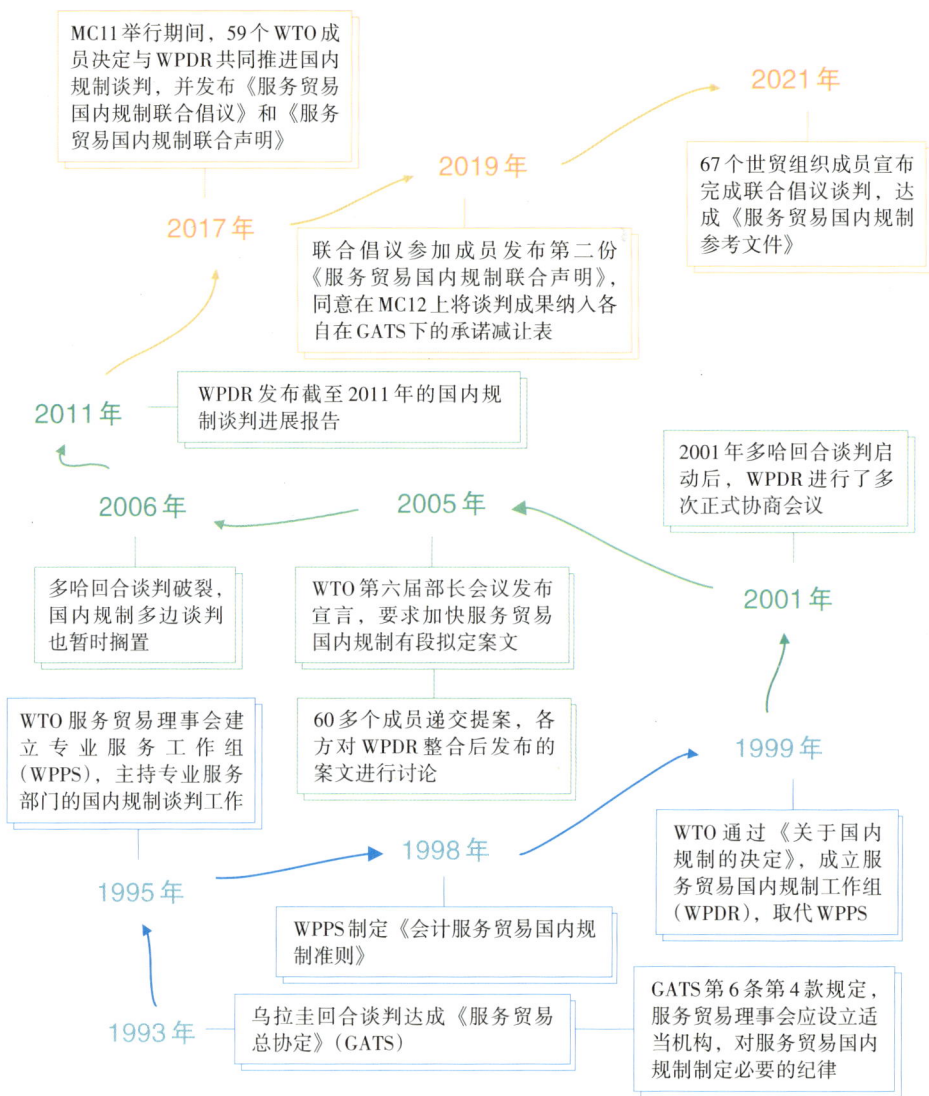

图 1-1-20　服务贸易国内规制谈判历程

资料来源：WTO，https：//www.wto.org/english/tratop_e/serv_e/dom_reg_negs_e.htm。

《参考文件》具有高标准的国内规制规则，切实履行相关义务有助于中国申请加入 CPTPP。此前，CPTPP、USMCA、RCEP（Regional Comprehensive Economic Partnership）等重要协定在服务贸易国内规制议题上总体遵循了 GATS 国内规制的基本框架并对其有一定程度的深化。USMCA 第 15.8 条、

表1-1-2 《服务贸易总协定》与《服务贸易国内规制参考文件》联系与区别

		《服务贸易总协定》	《服务贸易国内规制参考文件》
联系		1.《参考文件》的达成是为满足GATS第6条第4款的要求，进一步规范服务贸易国内规制	
		2.《参考文件》中的规则包含并极大地扩充、丰富了GATS第6条第3款的内容	
		3.《参考文件》中成员关于国内规制的义务可依照GATS第18条以"附加承诺"的方式纳入具体承诺表，GATS或其他WTO协定项下的已有权利义务不受影响	
区别	性质	多边协定	诸边协定(但未加入《宣言》的其他WTO成员的服务提供者依然可以根据最惠国待遇原则从中获得平等待遇)
	内容	GATS首次对国际服务贸易管理问题做出系统性的规定，既明确了"最惠国待遇""透明度"等基本原则，也包含了有关"市场准入""国民待遇"的具体承诺	《参考文件》只聚焦于服务贸易的国内规制问题，是对GATS相应部分的补充

资料来源：WTO，https://www.wto.org/english/tratop_e/serv_e/jsdomreg_e.htm#participation。

CPTPP第10.8条与RCEP第8.15条分别规定了服务贸易国内规制的基本规则，重点关注相关程序的优化。此外，USMCA与CPTPP在"透明度""良好监管实践"或"监管一致性"等横向议题上针对国内规制的信息提供、交流反馈、透明度等方面制定了高标准纪律。如表1-1-3所示，对比各协定条款，可以发现，《参考文件》的达成表明WTO国内规制规则已向国际高标准经贸规则看齐，尤其在程序优化方面，深度水平极高，相较而言，CPTPP文本中对应的条款更为粗糙。中国既是国内规制联合声明倡议的参与者，也是RCEP的成员国，在持续推动高水平开放和深层次改革、切实履行自身义务后，中国希望加入CPTPP，在国内规制议题上不会遭遇太大挑战。

（2）基于OECD-STRI数据库的服务贸易限制分析

OECD-STRI（Organisation for Economic Co-operation and Development-

表1-1-3　WTO、USMCA、CPTPP与RCEP国内规制规则条款对比

条款	WTO	USMCA	CPTPP	RCEP
	GATS第6条与《参考文件》	第15.8条"措施的制定与实施	第10.8条"国内规制	第8.15条国内规制
设立司法、仲裁或行政法庭或程序	√			√
国际标准	√		√	√
避免向多个主管部门提交申请	√	√		
申请时间	√	√		√
电子申请	√	√		√
文件副本	√	√	√	√
提供处理申请的时间表	√	√		√
提供与申请状态相关的信息	√	√	√	√
核对申请是否完整	√	√		
补充与更正申请	√	√	√	√
在合理期限内处理申请并通知结果	√	√	√	√
告知申请被拒绝理由	√	√	√	√
重新提交	√	√		√
授权立即生效	√	√		
申请费用	√	√	√	√
对资格考试设置合理时间间隔和期限	√	√	√	√
确保主管部门独立作出决定	√	√		
技术标准	√	√		

资料来源：https://www.wto.org/english/tratop_e/serv_e/jsdomreg_e.htm#participation，http://fta.mofcom.gov.cn/rcep/rcep_new.shtml，http://www.mofcom.gov.cn/article/zwgk/bnjg/202101/20210103030014.shtml，https://ustr.gov/trade-agreements/free-trade-agreements/united-states-mexico-canada-agreement/agreement-between。

Services Trade Restrictiveness Index）数据库将服务行业相关措施归为五类政策领域，在每类政策领域分别涉及不同类型的政策条款。五类政策领域包括"外资进入""自然人流动""其他歧视""竞争障碍"和"监管透明度"（图1-1-21）。

服务贸易限制政策

图1-1-21　OECD-STRI区分不同政策领域的服务贸易限制政策

资料来源：OECD，https：//stats.oecd.org/Index.aspx？DataSetCode=STRI。

中国服务贸易开放程度在发展中国家中位于前列。OECD-STRI数据库统计了所有OECD成员国和中国、俄罗斯、印度、巴西等非OECD成员国，在会计、法律、建筑、银行服务部门的约2000余条服务贸易具体措施，并依据于此构建了STRI指标，来衡量各国服务贸易的限制水平。2021年OECD-STRI指标显示，OECD国家的STRI指标均值为0.199，中国STRI指标为0.247，略高于样本均值0.227，但在发展中国家中水平较低。印度尼西亚、泰国、印度是数据库样本中服务贸易限制水平最高的三个国家。限制水平最低的三个国家则为捷克、日本与智利。

中国近年来STRI指标水平下降明显。中国、印度、俄罗斯相比于美英法德日等发达国家STRI指标水平偏高，但中国STRI指标水平近几年有明显下降，从2017年的0.309降低至2021年的0.247，体现出服务贸易开放程度的大幅提升。其间，2020年指标水平显著下降的原因在于，中国的《外商投资法》于2020年1月1日生效，巩固并取代了之前几部管理外商投资的法律，在外商投资领域极大地扩大了对外开放。印度STRI指标水平也有一定下降，但俄罗斯的STRI指标水平则在逐年增长。美英法德日等国STRI指标平均水平约为0.17，其中日本为服务贸易限制程度最低的国家。近五年来法国、英国的STRI水平略有下降，德国则有小幅上升，美国、日本STRI指标水平基本稳定（图1-1-22）。

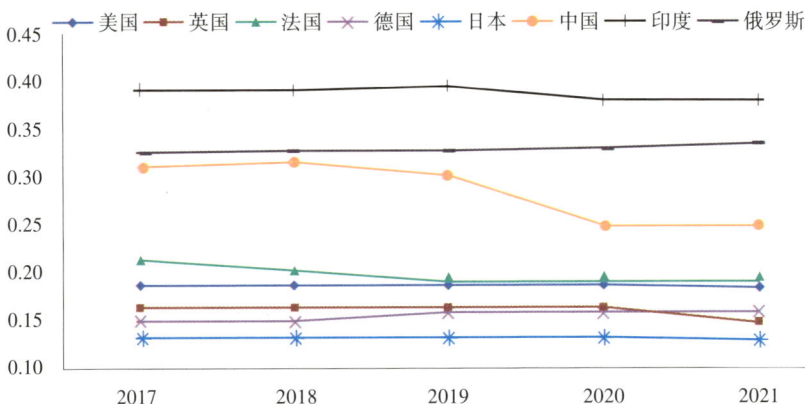

图1-1-22　近五年主要经济体OECD-STRI指标变化图

资料来源：OECD，https：//stats.oecd.org/Index.aspx？DataSetCode=STRI。

中国在会计、快递和广播服务部门的贸易壁垒最高，美国对空运、快递、海运的服务贸易限制水平最高。中美两国是世界上最大的两个经济体，也是最大的两个服务贸易大国，对各个服务业部门有不同程度的限制。对比二者的服务贸易限制水平，可以发现，中国在多数部门的贸易壁垒都高于美国，尤其在会计、电信和视频服务部门，美国则在空运和海运部门的服务贸易限制程度强于中国。两国在各服务部门贸易壁垒的分布差异较大，但分销部门的限制程度都很低（图1-1-23）。

基于OECD-STRI数据库对各国不同政策领域措施的分类，可从中筛选统计国内规制相关的政策（图1-1-24）。

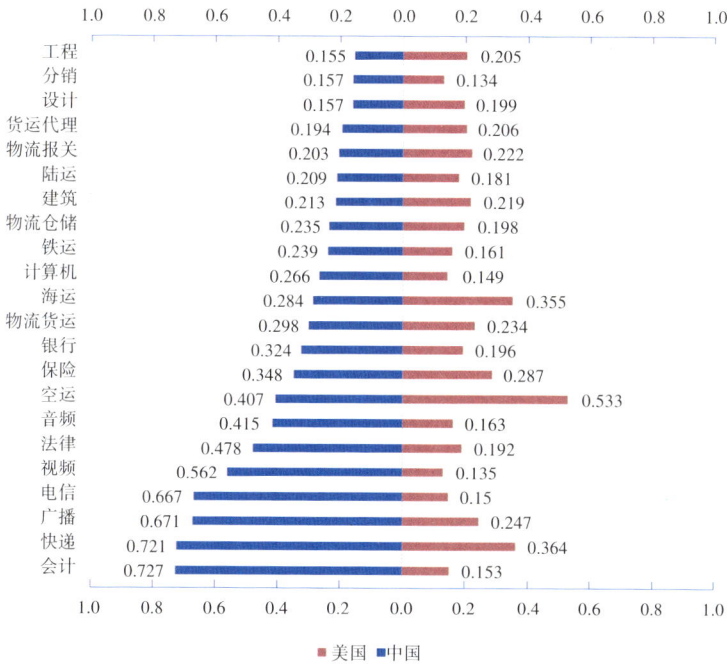

图1-1-23　2021年中美各服务部门限制对比图

资料来源：OECD，https：//stats.oecd.org/Index.aspx? DataSetCode=STRI。

服务贸易国内规制政策

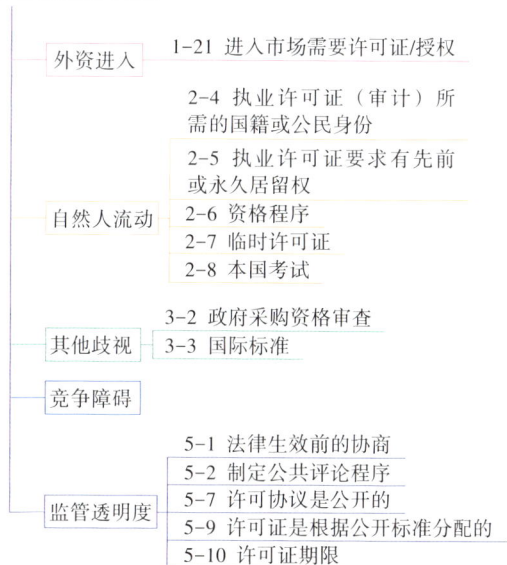

外资进入	1-21 进入市场需要许可证/授权
自然人流动	2-4 执业许可证（审计）所需的国籍或公民身份
	2-5 执业许可证要求有先前或永久居留权
	2-6 资格程序
	2-7 临时许可证
	2-8 本国考试
其他歧视	3-2 政府采购资格审查
	3-3 国际标准
竞争障碍	
监管透明度	5-1 法律生效前的协商
	5-2 制定公共评论程序
	5-7 许可协议是公开的
	5-9 许可证是根据公开标准分配的
	5-10 许可证期限

图1-1-24　OECD服务贸易国内规制相关限制政策

资料来源：OECD，https：//stats.oecd.org/Index.aspx? DataSetCode=STRI。

分行业部门来看，法律服务和会计服务国内规制限制程度明显高于其他服务业部门。法律服务和会计服务部门均为知识密集型专业服务部门，与资格、许可相关的监管更为严格，影响这两个部门的最主要措施为人员流动和外资准入相关的措施。国内规制相关限制水平相对较低的三个服务部门则为广播、空运与视频（图1-1-25）。

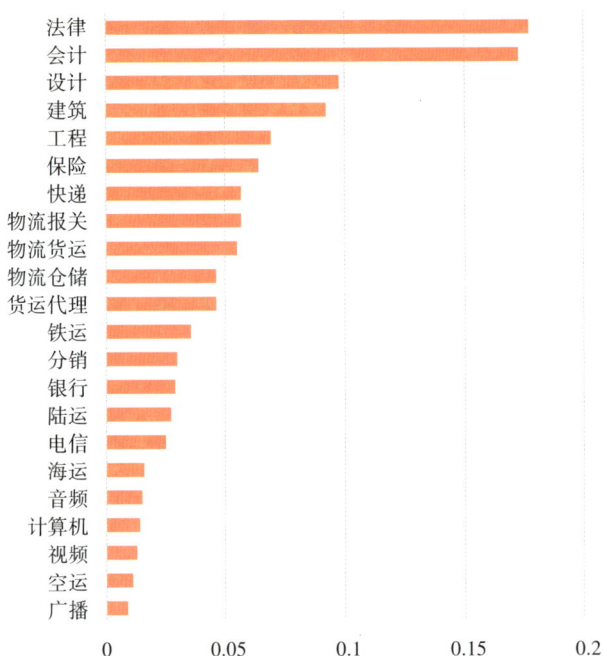

图 1-1-25　2021年各服务部门与国内规制相关的限制水平对比图

资料来源：OECD，https：//stats.oecd.org/Index.aspx？DataSetCode=STRI。

3. WTO投资便利化文本谈判实质性结束

（1）世贸组织成员实质性结束《投资便利化协定》文本谈判

2022年12月16日，世界贸易组织成员在日内瓦实质性结束《投资便利化协定》文本谈判。自2017年中国等世贸组织成员发起关于投资便利化的非正式对话以来，目前已有112个世界贸易组织成员参与该议题谈判，力图最终达成《投资便利化协定》。此次《投资便利化协定》文本谈判的完成，标志着各方距离在世贸组织和全球范围内完成第一个投资谈判已近在咫尺。继《渔业补贴协定》和《服务贸易国内规制联合声明倡议》之后，《投资便利化协定》再一次证明世贸组织依然能够在与国际贸易或投资有关的关键议题上发挥重要作用，取得具体的和实质性的谈判成果。在各国面临高通胀和经济衰退的背景下，《投资便利化协定》将改善全球投资政策环境，促进投资体制改革，有助于促进投资流动，提高投资的体量和质量，帮助成员应对当前困难局面。

世贸组织的投资便利化议题最初由一些发展中国家和最不发达国家成员发起，在这些初始成员的大力倡导下，联合倡议快速吸纳了大量成员。2017年4月，中国牵头巴西、阿根廷、尼日利亚等发展中成员组成"投资便利化之友"，在世贸组织提出投资便利化议题。同年12月，70个世贸组织成员在第十一届部长级会议上发布《投资便利化部长级联合声明》，表明将推动达成一项关于投资便利化的多边协议，以改善投资和商业环境。2019年11月22日，98个成员发布了第二份联合声明，承诺加紧制定框架以促进外国直接投资，并努力在第十二届部长级会议（MC12）上取得具体成果。2020年，联合倡议成员就达成一份多边协议开启正式谈判。2021年12月10日，112个世贸组织成员发布了第三份《投资便利化联合声明》，强调继续坚持发展导向，并以投资便利化谈判共同协调员的合并文件〔所谓的"复活节文本（修订版5）"〕为基础推进投资便利化谈判，同时阐明了在2022年底之前完成文本谈判的目标。2022年12月16日，世界贸易组织成员在日内瓦实质性结束《投资便利化协定》文本谈判，完成预期目标。

表1-1-4 《投资便利化协定》的谈判成员

	发达成员（合计35个）	发展中成员（合计57个）	最不发达成员（20个）
亚洲（合计26个）	日本 新加坡 中国香港 韩国 台澎金马关税区	中国 菲律宾 沙特阿拉伯 巴林 土耳其 哈萨克斯坦 印度尼西亚 阿拉伯联合酋长国 柬埔寨 蒙古国 科威特 吉尔吉斯斯坦 塔吉克斯坦 马来西亚 马尔代夫 卡塔尔	阿富汗 也门 缅甸 老挝

续表

	发达成员（合计35个）	发展中成员（合计57个）	最不发达成员（20个）
欧洲（合计37个）	英国 瑞典 马耳他 法国 丹麦 塞浦路斯 捷克 爱尔兰 拉脱维亚 芬兰 比利时 斯洛伐克 瑞士 西班牙 爱沙尼亚 荷兰 意大利 斯洛文尼亚 德国 卢森堡 挪威 希腊 葡萄牙 冰岛 奥地利 立陶宛	俄罗斯 波兰 阿尔巴尼亚 匈牙利 黑山 罗马尼亚 北马其顿 保加利亚 摩尔多瓦 克罗地亚 格鲁吉亚	
美洲（合计22个）	加拿大	巴西 阿根廷 萨尔瓦多 智利 墨西哥 哥伦比亚 秘鲁 乌拉圭 安提瓜和巴布达 哥斯达黎加 巴拉圭 多米尼加 巴巴多斯 多米尼克 厄瓜多尔 格林纳达 危地马拉 洪都拉斯 巴拿马 苏里南 尼加拉瓜	
大洋洲（合计5个）	新西兰 澳大利亚	巴布亚新几内亚	所罗门群岛 瓦努阿图
非洲（合计22个）		尼日利亚 刚果（布） 加蓬 毛里求斯 塞舌尔 摩洛哥 佛得角 津巴布韦	贝宁 赞比亚 布隆迪 多哥 乍得 吉布提 中非共和国 毛里塔尼亚 冈比亚 乌干达 几内亚 利比里亚 几内亚比绍 塞拉利昂

资料来源：WTO，https：//www.wto.org/english/tratop_e/invfac_public_e/invfac_e.htm。

由表1-1-4可知，世界上绝大多数主要经济体都加入了《投资便利化协定》的谈判。发展中成员和最不发达成员是联合倡议国家的主要构成，其中包含20个最不发达成员，体现出最不发达国家对该议题的高度重视和积极参与。此外，几乎所有发达国家和地区也都加入了该议题的讨论。从地区分布来看，联合倡议成员主要由来自欧洲地区的发达国家和来自亚洲、欧州、非洲和美洲的发展中国家及最不发达国家组成。值得注意的是，美国、印度和南非等国家未参与WTO投资便利化议题的谈判。一方面，美国认为协定水平较低，对此兴趣不大；另一方面，《投资便利化协定》涉及国家安全程序的标准化，美国一直对中国设有歧视性的国家安全审核标准，认为中国牵头的《投资便利化协定》将不利于美国国家安全。印度和南非则担忧监管投资的权利可能因此受限，战略部门的政策空间大幅缩窄，故而也未参与该议题的讨论。

（2）投资便利化的内涵与要求

投资便利化作为一个新兴的话题，目前尚无统一和权威的定义。通常，投资便利化这一概念会与投资保护、投资促进或投资自由化等话题同时被提起（表1-1-5），例如，RCEP的投资规则正是以上述四方面为四大支柱，其中关于投资保护的内容继承了传统投资协定，而关于投资便利化的内容则体现了国际投资缔约实践的新发展。

表1-1-5　投资保护、投资促进、投资自由化和投资便利化的内涵和具体要求

	内涵	具体要求
投资保护	投资国、受资国单独或共同采取某种形式的法律保护措施或其他形式的允诺和担保来保证国际投资者的财产和利益在正当范围内不受到政治风险损害	既涉及东道国针对外商投资在东道国的政治风险所做出的保证和保护措施，还包括涉及外商投资的待遇、代位求偿、投资争端解决等
投资促进	各国政府采用各种适宜的营销活动，并做好相应管理和服务，以吸引更多外商直接投资	广告、散发材料、组织有关投资机会及投资法律法规和政策的各种介绍会和研讨会、行业展销和展览等

续表

	内涵	具体要求
投资自由化	减轻或者消除外资法中专门针对外国投资者的限制性措施造成的市场扭曲的影响，促进资本自由流动	扩大准入自由、废除履行要求、进一步提高投资待遇
投资便利化	加速投资的机制，其核心是透明度、可预测性和提高行政程序的效率	公开披露与投资相关的制度、程序及信息，执行阶段简化和加快投资行政程序

　　投资保护向来是国际投资协定的核心内容，它要求投资国、受资国单独或共同采取某种形式的法律保护措施或其他形式的允诺和担保来保证国际投资者的财产和利益在正当范围内不受到政治风险损害，此外还涉及外商投资的待遇、代位求偿、投资争端解决等问题。投资促进则是各国政府采用各种适宜的营销活动，并做好相应管理和服务，以吸引更多外商直接投资，具体包括：广告、散发材料、组织有关投资机会及投资法律法规和政策的各种介绍会和研讨会、行业展销和展览、在潜在投资者和本地合作伙伴之间牵线搭桥、从各个政府部门获得许可和批件、进行可行性研究以及在项目开始运营之后向投资者提供服务等等。投资自由化则代表着允许外资进入的行业或部门逐步开放，允许外资进入的条件逐步放宽，减轻或者消除外资法中对外国投资者的限制性措施造成的市场扭曲，并提高外国投资者的待遇标准，如给予外国投资者以国民待遇、最惠国待遇。

　　与上述三者不同，投资便利化是指加速投资的机制，通过简化和协调国际投资活动中的各种程序、手续来促进投资。其核心是信息透明度、政策环境的可预测性和行政程序效率的提高，以此改善全球投资政策环境，为跨境投资提供规则保障。根据2008年亚太经济合作组织制订的"投资便利化行动计划"和2016年联合国贸发会发布的"投资便利化行动纲要"，投资便利化的核心要求包括：（1）东道国需公开披露与投资相关的制度、程序及信息，并确保上述信息完整、准确且及时，同时还应设立提供政策咨询服务的单一窗口或查询点。而当政策法规等发生变更时，政府应提前告知投资者并对变更目的和理由进行充分说明，同时给予外国投资者发表意见的机会。（2）提高与投资有关的政策的可预测性和一致性，要求包括促进投资法规的系统化和制度化和投资法律法规的公平运用。（3）执行阶段简化和加快投资行政程序、提高行政效率，要求包括简化程序、缩短相关程序的处理时间，及时提供建议并确保申请者知晓申请状态，降低审批过程中的投资者成本以及定期审查投资程序等。（4）建立建设性的利益攸关者关系，通过建立政府与投资方咨询和对话机制等措施，加强公、私部门间的伙伴关系，完善公司治理标准并提升负责任的商业行为（图1-1-26）。此外，WTO《投资便利化协定》重点关注的一项议题是，确保发展中国家和最不发达国家的特殊和差别待遇、技术援助和能力建设。

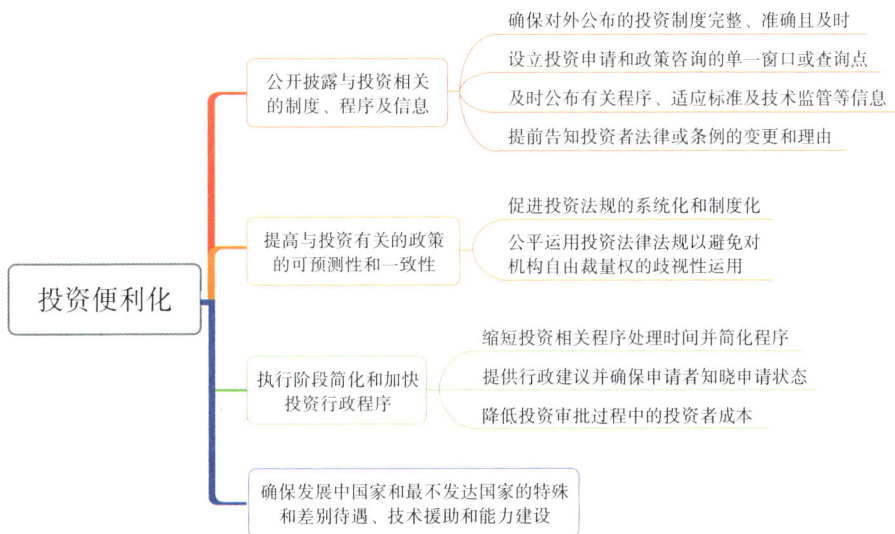

图1-1-26　投资便利化的核心要求

资料来源：UNCTAD，https://investmentpolicy.unctad.org/publications/148/unctad-global-action-menu-for-investment-facilitation。

（3）投资便利化议题的回顾与展望

长期以来，国际社会对于达成一个多边投资协定，以突破国际投资规则体系的碎片化状态有迫切的要求，然而关于市场准入、投资保护和投资争端等敏感议题的争议较多，难以在多边层面上对其达成共识，故而讨论逐步转向投资便利化议题。1989年，美国政府和墨西哥州政府《关于贸易和投资便利化谈判的谅解》中，投资便利化首次被提及，但此时尚未与贸易便利化分割开。20世纪90年代后期开始，投资便利化作为独立议题迅速兴起。1996年12月，WTO第一届部长级会议在新加坡举行，投资同竞争政策、政府采购透明度和贸易便利化等一同被包含在"新加坡议题"中。然而，2004年7月，由于成员间的分歧较大，除贸易便利化外的其他"新加坡议题"均被排除出多哈议程。2013年，经过近20年的讨论，WTO总理事会通过了《贸易便利化协定》（*The Trade Facilitation Agreement*）。TFA被誉为"21世纪全球贸易领域发生的最大变革"，该协定旨在营造便捷的通关环境，通过简化各国海关程序，使货物的进出口更加便利。TFA的达成为投资便利化提供了较为成熟的先例，受此激励，发展中国家纷纷提交了投资便利化议题相关议案，希望能在WTO框架下有组织地讨论该议题。事实上，同贸易流动一样，精简和加快行政程序也能扩大投资流动。在许多情况下，不必要的繁文缛节造成效率低下和不确定性等投资障碍，这正是投资便利化寻求解决的。相比于贸易便利化，投资便利化将重点放在投资的准入后管理，通过提升透明度和政策的可预测性、简化非必要的手续和程序等措施改善营商环境，吸引外资。目前，投资便利化是多哈回合贸易谈判后唯一在多边层面继续推进的投资议题。

2017年以来，联合倡议成员共发布三份投资便利化联合声明，为《投资便利化协定》制定原则性框架。2017年，投资便利化议题由中国、巴西、俄罗斯、阿根廷等发展中国家和最不发达国家发起。同年联合倡议成员发布的WTO第一份投资便利化联合声明表示，联合倡议成员呼吁展开讨论，以期制定一个投资便利化多边框架，以提高投资措施的透明度和可预测性，精简和加快行政程序和要求，加强国际合作。此外，声明强调这些讨论不应涉及市场准入、投资保护和投资者与国家的争端解决。该声明为展开《投资便利化协定》的谈判制定了总体原则。2019年，第二份投资便利化联合声明则额外强调，促进发展中国家和最不发达国家成员更多地参与全球投资应成为该多边框架的核心目标，并希望在第十二届部长级会议（MC12）上取得具体成果。2020年9月25日，联合倡议成员就达成多边协议开启正式谈判。2021年各成员联合发布的第三份投资便利化联合声明重申，要促进发展中国家和最不发达国家成员更多地参与全球投资，并提出要通过特殊和差别待遇来实现该目标，包括技术援助等。声明还指出，"复活节文本（修订版5）"是谈判成果的体现，也是正在进行的谈判的基础。依据谈判结果，谈判共同协调员已完成"总体范围""投资措施的透明度""简化和加快行政程序""国内监管一致性与跨境合作""可持续投资"等部分的编写与草案修订工作，后续谈判会优先关注对发展中成员和最不发达成员的特殊和差别待遇等领域。

2022年12月16日，世界贸易组织成员实质性结束《投资便利化协定》文本谈判。被称为"投资便利化协定草案"的最新文本整合了自2021年4月"复活节文本"第一版分发给所有成员以来，对"复活节文本"（用作谈判基础的文件）所做的十次连续更新。该文本是自2020年9月谈判正式启动以来110多个世贸组织成员进行讨论的结果，它以参与成员提交的约60份案文提案为基础，其中43份来自发展中成员和最不发达成员以及成员讨论小组提供的案文。"投资便利化协定草案"主要包括七个部分：第一节关于"范围和一般原则"，强调协定内容排除市场准入、投资保护和投资者与国家的争端解决，协定还设立了"防火墙条款"，以免除其他国际投资协定的干扰；第二节"投资措施的透明度"和第三节"简化和加快行政程序"是未来《投资便利化协定》的核心章节，主要内容包括：信息公开、允许评论、单一窗口、简化行政程序、降低申请费用、允许在线提交申请等等。第四节为"联络点、国内监管一致性和跨境合作"；第五节为"对发展中成员和最不发达成员的特殊和差别待遇"；第六节"可持续投资"关注促进负责任的商业行为和打击腐败；最后是关于"体制安排和最后条款"的第七节（图1-1-27）。

联合倡议成员计划将"投资便利化协定草案"作为下一阶段谈判的基础，并展开外联工作，特别是针对发展中成员和最不发达国家成员的联络工作。谈判共同协调员在评估2022年讨论和谈判成果并展望2023年未来工作的声明中表示，文本谈判取得了实质性进展，实现了2021年联合声明指出的在2022年年底前完成文本谈判的目标。该声明认为，目标的实现离不开各成员在会议中和闭会期间所做的辛勤工作，例如提交经修订的、进一步精简的提案，为一系列关键问题提供了解决方案，特别是，在关于最惠国待遇、协定范围和定义、母国措施、供应商发展方案和负责任的商业行为等方面，谈判取得了重大进展。声明还指出，后续谈判共同协调员将定期向全体成员通报代表团团长会议

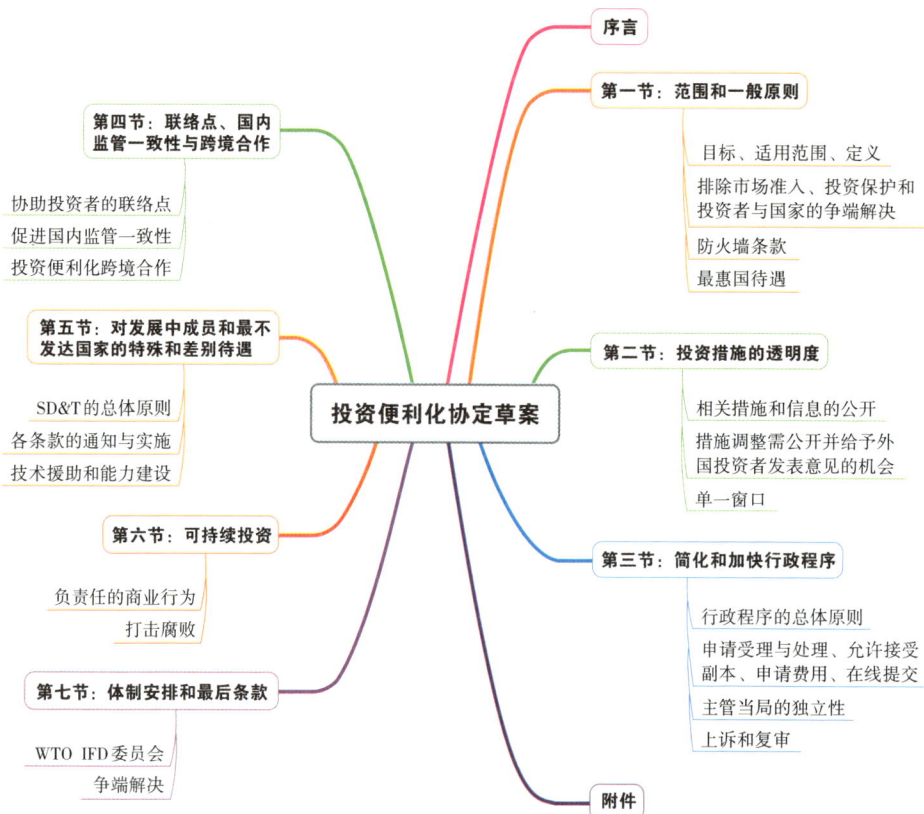

图 1-1-27　投资便利化协定草案的文本结构

资料来源：WTO，https://www.wto.org/english/tratop_e/invfac_public_e/invfac_e.htm。

的最新进展，并应成员们的要求与他们接触。

　　投资便利化议题是中国在世贸组织主动设置、积极引领的首个谈判议题。2017年4月，中方发起成立"投资便利化之友"，积极响应业界诉求，率先提出投资便利化议题。2017年，中国协调相关方在WTO举办了多次非正式对话会议及研讨会，80余个世贸成员参与了投资便利化议题的讨论，这使得众多成员在较短时间内就投资便利化问题达成了强有力的共识，为在同年底的第十一届部长级会议上发布《投资便利化部长级联合声明》奠定了基础。中国不仅影响了许多发展中国家加入协定谈判，还在文本谈判的过程中做出了卓有成效的努力。在2022年2月7日和11日，WTO投资便利化促进发展结构化讨论两次散发中国提交的提案（INF/IFD/RD/91，INF/IFD/RD/92）。前一份提案就投资便利化谈判协调员案文中的"例外范围"提出了中方意见，后一份提案就案文中的"负责任商业活动"部分提出了中方意见。2022年9月28日，中国常驻世贸组织代表团牵头、"世贸组织投资便利化之友"举办的2022年世贸组织公共论坛投资便利化研讨会在日内瓦成功召开。研讨会面向公众全程在线直播，80余名官员和学者现场参会，就"世贸组织投资便利化协定：促进韧性和包容性经济增长的多边行动"及投资便利化谈判下一步重点工作进行了交流讨论。

中国在投资便利化议题上的引领作用还体现在中国签订的IIAs（International Investment Agreements）及设立自由贸易试验区等国内探索上。中国推进投资便利化的努力首先体现在近年来签订的IIAs中。例如，中国与澳大利亚签订了《关于投资便利化安排的谅解备忘录》，在大型基础设施投资领域和对澳投资的中国企业相关人员签证方面都设立了便利化安排。国内方面，中国不断推进自由贸易试验区贸易投资便利化的改革创新，区内投资便利化探索主要体现在：提升透明度，保证区内制度创新的公正公开和有据可依；提升投资政策运用的可预见性、一致性，清除不利于统一市场和公平竞争的规定和做法；精简行政程序，利用新技术便利化申请流程，高效核验申请材料，全方位提速审批效率。

（4）《投资便利化协定》成员的对外直接投资和吸引外资情况分析

《投资便利化协定》成员2012—2021年对外直接投资和吸引外资的平均金额约为11000亿美元，其占全世界的比例约为75%。2020年前，协定成员对外直接投资占全世界份额在波动中上升，于2018年达到峰值。2020年新冠疫情发生后，对外直接投资金额与比例均大幅下降，可见对投资便利化诉求更大的国家，其对外投资受疫情冲击更大。相对而言，协定成员吸引外资金额占全世界的比例波动较小，疫情发生后所占份额有所下降，且2021年也未发生反弹，主要原因在于美国在2021年吸引外资在全球的份额从15.7%大幅上升至23.2%（图1-1-28、图1-1-29）。

（5）《投资便利化协定》成员的投资协定签订现状分析

《投资便利化协定》成员在签订双边投资协定（Bilateral Investment Treaties，BITs）上十分活跃。目前国际上共有2850个双边投资协定，其中1822个由《投资便利化协定》成员签订，占总数的63.9%，而《投资便利化协定》成

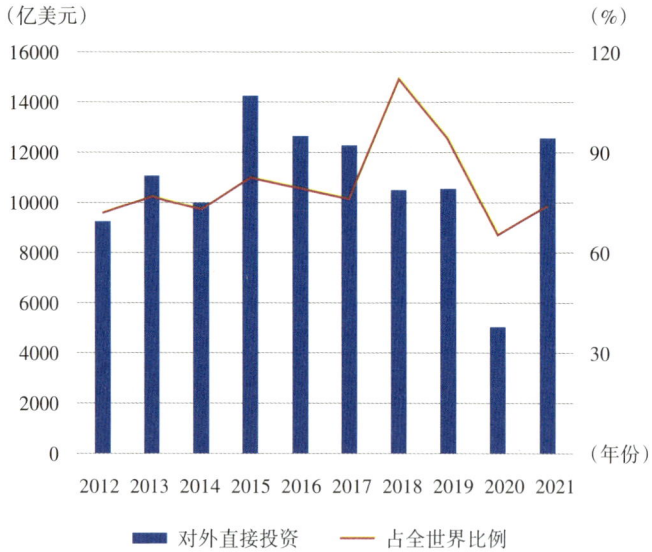

图 1-1-28　2012—2021年《投资便利化协定》成员对外直接投资流量及其占全世界的比例

资料来源：UNCTAD，https://unctadstat.unctad.org/EN/BulkDownload.html。

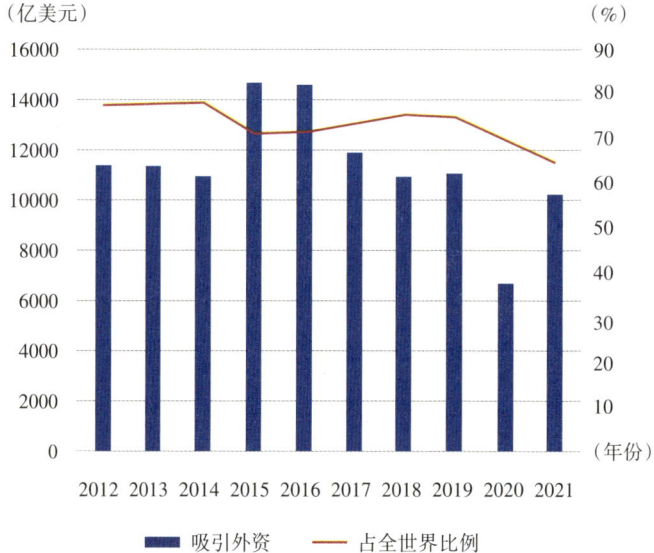

图 1-1-29　2012—2021年《投资便利化协定》成员吸引外资流量及其占全世界的比例

资料来源：同图 1-1-30。

员间签订的双边投资协定共1242个，占总数的43.6%。这表明成员对于投资议题的高度重视与积极参与（图1-1-30）。

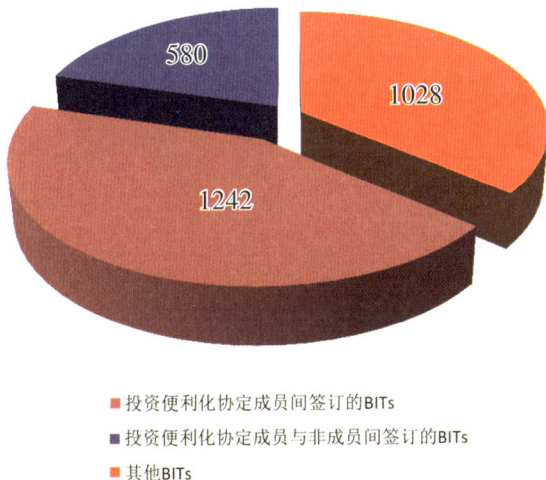

图1-1-30　按照《投资便利化协定》成员区分的双边投资协定分布情况

资料来源：UNCTAD，https://investmentpolicy.unctad.org/international-investment-agreements/by-economy

　　除巴西外，《投资便利化协定》重要成员间都已普遍缔结了国际投资协定，中国是其中签订双边投资协定最积极的国家（图1-1-31）。《投资便利化协定》重要成员间国际投资协定的缔结网络图（图1-1-32）中，巴西是较为突出地游离于网络之外，此次积极参与投资便利化议题的谈判实属其反常之举。若只考虑双边投资协定，网络线条将更为稀疏，可见这些成员间缔结的多数投资协定属于FTA中包含的投资规则。而中国位于缔结网络图的中央，与除巴西外的所有国家都有连接，这表明中国是这些国家中对双边投资协定最为重视的国家。

　　中国是世界上签订BITs最多的国家，而签订的TIPs（Treaties with Investment Provisions）数相对较少。世界上签订BITs最多的十个国家为：中国、德国、土耳其、瑞士、阿联酋、英国、埃及、韩国、法国和科威特（表1-1-6）。中国签订的BITs数达到125个，其中106个协定生效中，而签订的TIPs数只达到25个，相较而言显著低于签订的BITs数，中国关于投资规则的重心更偏向于BITs。与之形成对比，德国和法国签订的BITs数和TIPs都位居世界前列，没

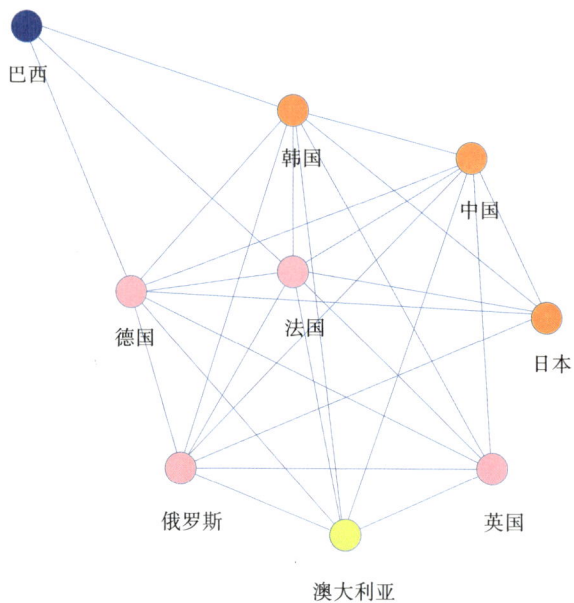

图 1-1-31 《投资便利化协定》重要成员间的国际投资协定（IIAs，包括双边投资协定 BITs 和包含投资规则的自贸协定 TIPs）签订情况

资料来源：同图 1-1-30。

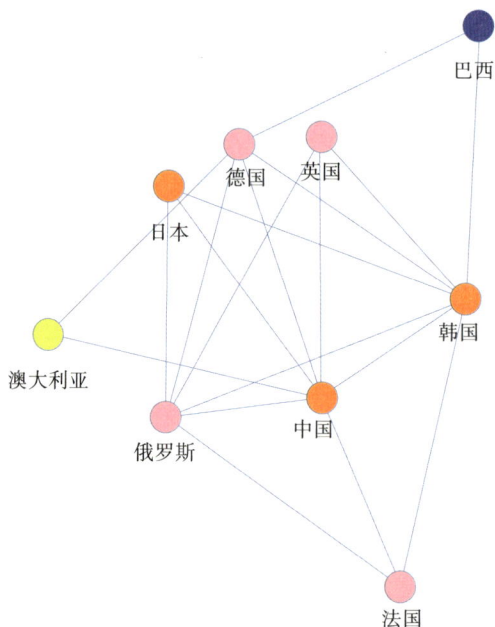

图 1-1-32 《投资便利化协定》重要成员间的双边投资协定（BITs）签订情况

资料来源：同图 1-1-32。

表1-1-6　签订BITs最多的十个国家投资协定签订和生效情况

国家	签订的BITs数	生效的BITs数	签订的TIPs数	生效的TIPs数
中国	125	106	25	23
德国	120	114	74	60
土耳其	117	82	23	20
瑞士	114	110	38	38
阿联酋	108	62	14	8
英国	101	90	32	16
埃及	100	72	15	12
韩国	93	87	26	21
法国	91	84	74	60
科威特	85	70	12	7

资料来源：同图2-1-5。

有表现出对BITs和TIPs的明显的偏好差异。土耳其、阿联酋、埃及和科威特也是积极缔结双边投资协定的发展中国家，但其签订的BITs中有较大比例并未生效，此外，这些国家签订的TIPs数也相对较少。

（6）CAI、CPTPP和RCEP投资便利化条款的对比分析

中欧全面投资协定（The China-Eu Comprehensive Agreement on Investment）对于透明度有较高要求，但对精简行政程序没有特殊说明。历经7年35轮谈判，中国与欧盟在2020年底完成CAI的谈判。CAI在市场开放、公平竞争和可持续发展条款方面深度水平较高，一旦正式签署并生效，它将使中国迎来自加入WTO以来新一轮的国际规则接轨与高水平对外开放。CAI的投资便利化相关内容主要集中在"监管框架"中的"国内监管"和"透明度"章节中。在上述章节中，CAI要求对投资项目许可程序施加透明度义务，并纳入有关法律公布、联络点和信息提供、标准制定、审查和上诉的条款。此外，CAI还包含了"一般透明度义务"条款，要求确保与条约涵盖事项有关的法律、规章、行政程序等信息都应被及时地完整地公布。这些条款无疑将使得政府监管更透

明，市场环境更趋公平。然而，CAI协定的重心始终偏向于投资自由化这表领域，关于投资便利化的内容相对粗糙，重点关注透明度的提升，对于精简行政程序并没有特殊的说明。

CPTPP并没有专门的投资便利化章节，关于投资便利化的规定主要分布在第12章"商务人员临时入境"、第25章"监管一致性"和第26章"透明度和反腐败"。CPTPP是美国退出TPP（Trans-Pacific Partnership）后其余11国在2018年3月签署的新协定，仍保留了原TPP超过95%的项目，从框架看仍然是迄今为止最高水平的经贸自由机制。CPTPP关于投资便利化的规定较为零散地分布在各个章节，主要包含于"商务人员临时入境""监管一致性"和"透明度和反腐败"等章节，内容包括：提升投资政策的透明度和可预见性，向利益相关方提供有关投资规则的信息并开放咨询服务；提升投资审批效率，利用电信等公共基础设施服务以及签证便利化安排等提高便利化水平。

RCEP有明确的投资便利化条款，但内容相对简要，深度水平较低。RCEP的第10章为投资章节，主要内容涵盖最惠国待遇、投资保护、禁止业绩要求、代位、征收、投资促进等等。其中，第10章的第17条为投资便利化部分的规定，有关条款的内容主要包括：（1）缔约方应当努力通过为各种投资创造必要环境来便利缔约方之间的投资；（2）精简投资申请及批准程序；（3）促进投资规则、法律、法规、政策和程序等信息的公开和传播；（4）设立联络点等实体，向投资者提供咨询服务，包括提供经营执照和许可方面的便利。此外，条款规定，缔约方应当为各自主管机关之间举行会议，交流信息创造环境，以提高投资便利化水平。总体上，RCEP的投资便利化条款虽涵盖了投资便利化的核心内容，却没有进一步提出更具体的要求，在深度上有所欠缺。

（7）APEC、OECD、WB和UNCTAD等国际组织的投资便利化行动

亚太经合组织（Asia-Pacific Economic Cooperation）实施"投资便利化行动计划"（Investment Facilitation Action Plan）以推进投资便利化进程。2008年，APEC开始实施"投资便利化行动计划"，IFAP的框架性原则包括提高投资政策透明度、构建投资政策的监督评估机制以及加强国际合作等。近年来IFAP实施进展情况良好，诸多成员在提升透明度、加强投资环境稳定性等和提高投资相关手续的效率方面做出了显著改进。然而有学者指出，APEC目前推动投

资便利化的一大问题是，IFAP缺乏整体协调性，APEC各经济体大多只是根据自身条件从IFAP中挑选若干行动加以实施，相互之间却缺乏协调合作。这也导致IFAP的实施进展略为缓慢，而未来WTO《投资便利化协定》的达成正可以在很大程度上解决投资便利化相关规则碎片化、全球行动缺乏系统一致性的问题。

OECD主要在指标体系构建、政策指导和政策评估等层面推进投资便利化进程。首先，OECD构造了"FDI（Foreign Direct Investment）监管限制指数"用以评估69个国家（包含所有OECD成员国和二十国集团成员国）的22个行业部门有关FDI的政策限制。指数涵盖了外资股权限制、外资监管和审批等方面。OECD还在2006年制定了"投资政策框架"（The Policy Framework for Investment），并于2015年进行了更新。PFI着眼于投资的12个不同政策领域，包括投资政策、投资促进和便利化、竞争、贸易、税收、金融、公司治理、基础设施、人力资源开发、促进负责任的商业行为、促进绿色增长的投资政策和公共治理问题，它为各国政府尝试改善投资环境提供了参考。此外，OECD对各国投资相关措施进行了审议并发布"投资政策审议"报告，报告基于PFI的标准评估各国投资环境并提出相应的改善措施。

世界银行（World Bank）构建了营商环境评价指标体系，对全球190个经济体的营商环境进行分析和排序。指标体系一共由10个指标构成，包括开办企业、办理建筑许可、获得电力供应、登记财产、获得信贷、保护少数投资者等与投资便利化密切相关的十个环节。2021年9月，世界银行高级管理层决定终止原《全球营商环境报告》的发布，并宣布世界银行将研究一种在原报告基础上改良的评估商业和投资环境的新方法，其关键在于新选取的指标将被分为三组：监管框架、公共服务和综合效率，其中"监管框架"评估监管质量，从透明度、准确度、可预测性和相关性等角度衡量最佳实践；"公共服务"评估政府的机构设置、基础设施和公共采购项目等政府直接或间接（通过私人公司）影响市场运作的因素；"综合效率"则根据市场主体的体验（通过企业调研或专家调研），衡量监管与公共服务在实践中的效率。

联合国贸易和发展会议（英文全称United Nations Conference on Trade and Development，简称UNCTAD）在投资便利化倡议层面和技术支持方面都有较为突出的贡献。2016年，UNCTAD推出了《投资便利化全球行动手册》，指出投资便利化议题在国际和国内两个层面都被各国所忽视，行动手册为此提出了十条行动路线，以此为标准对主要经济体和国际投资协定进行审视。UNCTAD还设立了网站（GER.co）以监测和客观评价各国信息门户网站和投资者在线服务单一窗口的质量，其中重点是监测各国对注册和运营企业的强制性要求，这些指标也曾被用于"投资便利化之友"的早期讨论。此外，UNCTAD还为各国，特别是发展中国家，提供技术性的支持，例如为投资者提供相关信息，UNC-TAD"在线投资指南"在40个国家实施，各投资促进机构受其培训收集和发布有关业务成本、基本程序、法律、投资类型、ESG（英文全称Environmental，Social，and Governance，简称ESG）义务、投资者经验和联系方式的最新信息。

UNCTAD对主要经济体在"单一窗口"和"信息门户"层面表现的评分，可在一定程度上反映各国推动投资便利化的进展情况。其中，"单一窗口"指在线商业注册网站的便利程度，是否可以在线申请、在线支付及在线授权；"信息门户"指有关商业注册的信息公开是否全面准确。由图1-1-33可知，美国、法国和澳大利亚在这两方面均表现优异，德国在发达国家中评分最低。目前，德国、日本、俄罗斯、印度和巴西尚未设立"单一窗口"，

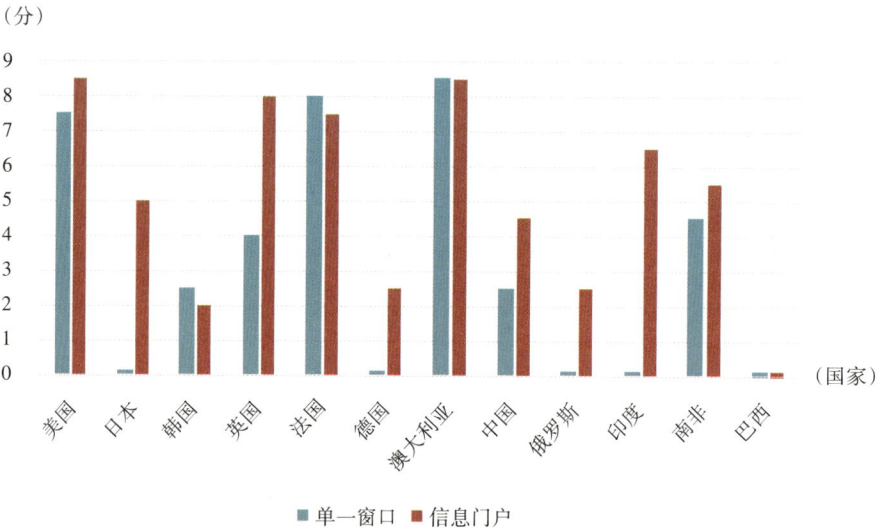

图1-1-33　UNCTAD对主要经济体在"单一窗口"和"信息门户"层面表现的评分
资料来源：UNCTAD，https：//ger.co/。

巴西同时也未提供"信息门户"。中国在"单一窗口"方面的得分为2.5，在"信息门户"上的得分为4.5，均与便利化水平较高的国家有较大差距，还需进一步提升。

（二）区域层面

1. 马来西亚和智利批准《全面与进步跨太平洋伙伴关系协定》（CPTPP）

《全面与进步跨太平洋伙伴关系协定》（CPTPP）是在2018年12月30日于亚太地区11个国家间正式生效的大型区域贸易协定。CPTPP的生效过程充满曲折，其前身可以追溯到2005年新西兰、智利、新加坡以及文莱四国的《跨太平洋战略经济伙伴关系协定》（英文全称Trans-Pacific Strategic Economic Partnership Agreement，简称TPSEP，又称"P4协定"），美国在2009年带领秘鲁、越南以及澳大利亚三国加入后主导了该协定的谈判进展，随后马来西亚、日本、墨西哥以及加拿大四国先后加入，这12个国家在2016年2月4日于新西兰奥克兰正式签署了《跨太平洋伙伴关系协定》（TPP）。戏剧性的是，由于美国政府态度的转变，从奥巴马政府的主导和推进到特朗普政府的退出，使得TPP未达到经济总量85%的6个成员国通过批准的生效条件，这使得TPP"搁浅"。之后，其余11个国家在日本主导下修改了生效条件并冻结了部分高标准的规则内容，最终尘埃落定演变成如今的CPTPP。尽管如此，CPTPP还是继承保留了TPP中的绝大部分（95%）条款，曾被誉为"最高标准的自贸协定"。2022年9月30日和2022年12月23日，马来西亚和智利分别批准了CPTPP。

（1）TPP与CPTPP文本比对

为使各缔约国能较快达成一致，CPTPP冻结了部分条款章节的特定内容，不过其和TPP各章节的名称和排序完全一致，共有30章内容（之后生效的《美墨加协定》（USMCA）有34个章节，而《区域全面经济伙伴关系协定》（RCEP）仅有20个章节），涉及内容十分全面，比如包括合作和能力建设、竞争力和商务便利化、发展、监管一致性以及透明度和反腐败等新颖条款（表1-2-1）。CPTPP的30章条款内容可以归纳为货物贸易关税减让、服务贸易、投资、合作与贸易便利化、知识产权、电子商务、环境、特定产品原产地规则、其他规则9个重点模块（图1-2-1）。

表1-2-1　TPP与CPTPP的文本比对

	TPP	CPTPP
生效条件	需要得到占成员国整体GDP85% 至少6个国家的批准（其中美国的占整体GDP的60%）	在11个签字国中，只需有6个国家完成国内立法机构的审批手续后，即可在60天后自动生效
附件	—	在美国缺位情况下，进一步协调各国利益，修改部分国家协定生效日期的措辞、通过特定单边保证函等
涉及"冻结"特定内容的条款章节	—	第5章　海关监管与贸易便利化
	—	第9章　投资
	—	第10章　跨境服务贸易
	—	第13章　电信
	—	第15章　政府采购
	—	第18章　知识产权
	—	第20章　环境
	—	第26章　透明度和反腐败
	—	附件II 服务投资负面清单
	—	附件IV 国有企业负面清单

资料来源：商务部世界贸易组织司官网。

（2）CPTPP核心条款解读

知识产权规则是CPTPP的"亮点"条款和重点章节，占整个正文文本篇幅的10%以上。由于美国在科技领域的竞争优势，CPTPP前身的TPP知识产权章节内容涉及范围广、保护力度大、惩罚力度强。尽管为降低接受难度，删减和"冻结"了部分争议条款，但是CPTPP仍保留着TPP中知识产权的绝大部分条

CPTPP 主要内容

- 货物贸易关税减让 —— 承诺对99%的产品最终实现零关税（日本是95%）；过渡期短，85%的产品在协定生效后立即实施零关税

- 服务贸易 —— 在国民待遇、最惠国待遇、市场准入、国内规制、政策透明度等方面做出了严格规定；采用负单模式，通过设置不符措施棘轮机制保证开放度"只进不退"；同时对金融服务、商务人员临时入境、电信等领域作出规定

- 投资 —— 覆盖传统规则投资范围，引入负面清单模式和棘轮机制加强开放，在投资者—国家间争端解决新议题取得重大进展，提高投资者保护程度

- 合作与贸易便利化 —— 保证海关程序透明，加强海关合作和自动化，注重发展问题以及合作与能力建设等

- 知识产权 —— 高标准和全球领先的知识产权规则，规定远超WTO《与贸易有关的知识产权协定》的范围和水平

- 电子商务 —— 具有"美式模板"特征的高标准规则，内容涵盖数据跨境自由流动、取消本地化储存限制、严格要求源代码保护等

- 环境 —— 设置多个特定领域的环境保护规则，首创性地加入渔业补贴、海洋渔业捕捞、以及强有力的环境争端解决机制等环境保护条款

- 特定产品原产地规则 —— 制定了严格且复杂的原产地规则，非原产材料"原产货物"的断定需要结合附录中HS 2012 6位编码特定产品原产地规则的具体规定

- 其他规则 —— 政府采购、竞争政策、国有企业和指定垄断、劳工、监管一致性、透明度和反腐败等多项议题

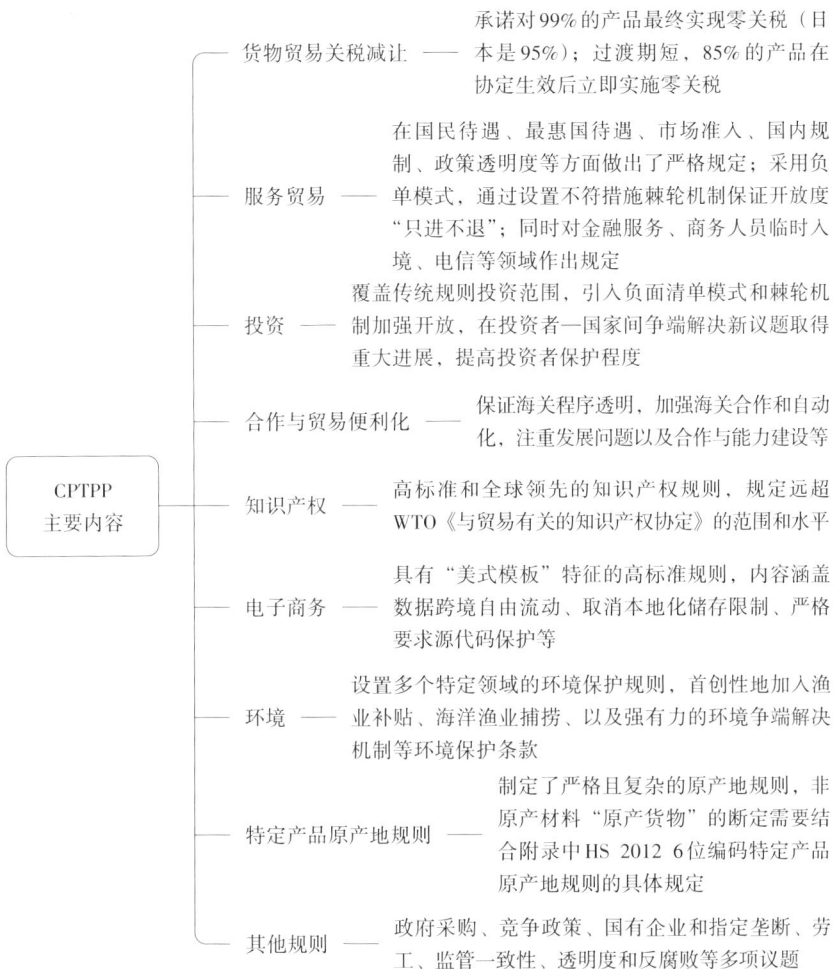

图1-2-1　CPTPP的主要内容

资料来源：商务部世界贸易组织司官网，下同。

款，是目前知识产权保护力度最强的自贸协定之一，规定远超WTO《与贸易有关的知识产权协定》（*Agreement on Trade-Related Aspects of Intellectual Property Rights*，TRIPS）的范围和水平。CPTPP知识产权规则的内容丰富，主要包括国际协定的批准或加入、合作、国民待遇、透明度等基础规则和商标、地理标志、专利、版权、执行等核心内容两大部分。具体而言，核心内容涉及对未注册的驰名商标提供保护、地理标志的承认、无论是产品还是工序的任何发明均可授予专利、赋予作者复制权和发行权、提供法律救济以及对违法获取商业机

密行为进行处罚等知识产权保护内容（图1-2-2）。

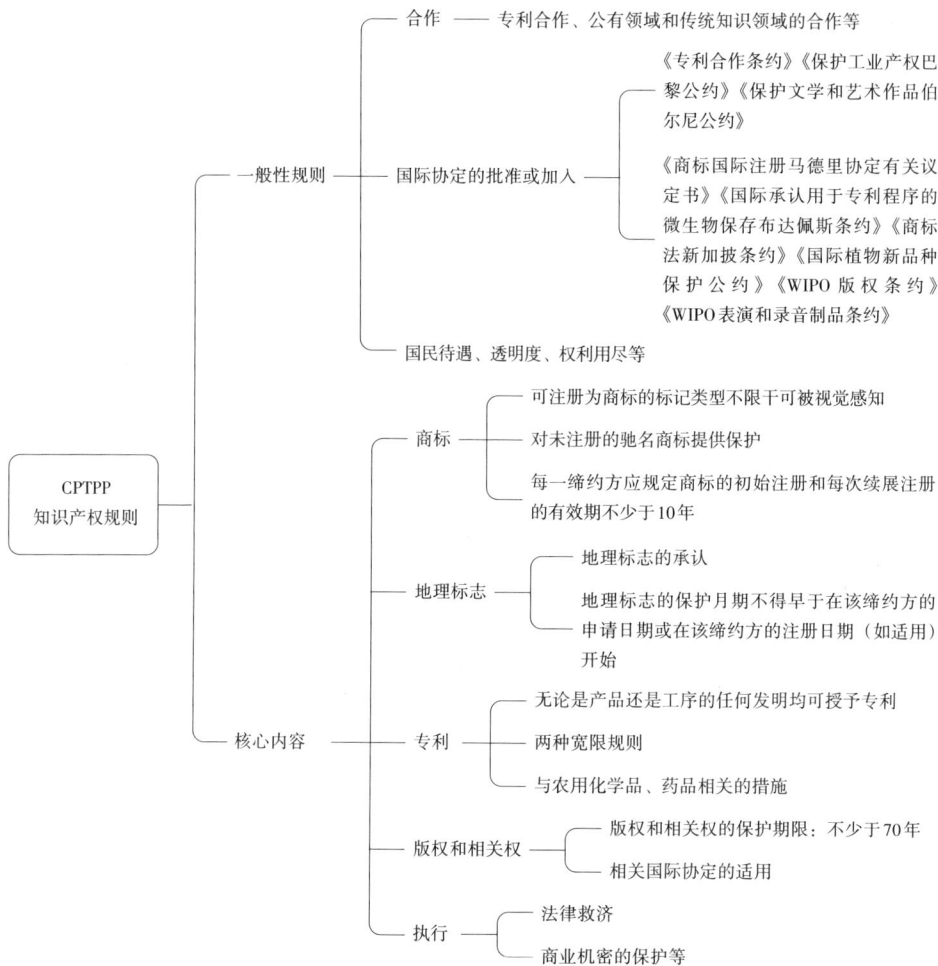

图1-2-2 CPTPP的知识产权规则

电子商务或数字贸易规则已经成为当前国际经贸规则的"热点"内容，CPTPP的数字贸易规则是具有"美式模板"特征的高标准规则，具体而言：首先，CPTPP的数字贸易规则与其他较高标准的自贸协定一样，都囊括了电子传输免征关税、国内电子交易框架、电子签名和电子认证、在线消费者保护、个人信息保护、无纸贸易以及非应邀商业电子信息等常规内容；其次，CPTPP可以反映美国对数字贸易的高标准诉求，包含数字产品非歧视待遇、跨境数据自由流动、禁止强制转让源代码、接入和使用互联网开展电子商务以及禁止计算机设备本地化的数据存储非强制本地化等"美式模板"诉求；最后，为提高规则的法律执行力，CPTPP的数字贸易规则还引入了争端解决机制，不过考虑到国情差异，针对马来西亚和越南的"数字产品的非歧视待遇"和"通过电子方式跨境传输信息"等内容引入例外条款，使其在2年内不受争端解决约束（图1-2-3）。

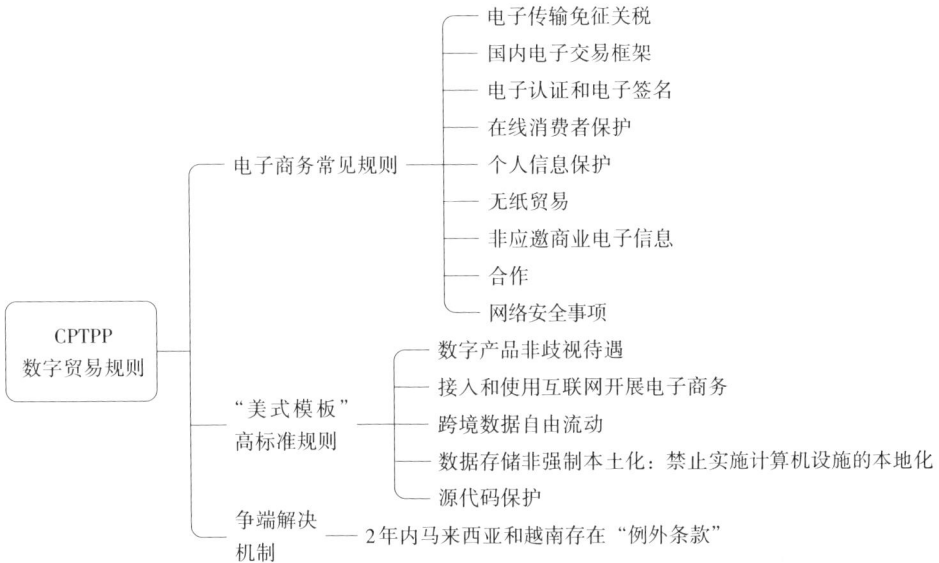

图 1-2-3　CPTPP 的数字贸易规则

CPTPP（或TPP）曾被誉为"史上最环保"的自贸协定之一，其首次在协定中引入渔业补贴、海洋渔业捕捞、保护海洋环境免受船舶污染以及环境争端解决机制几个方面的环境保护条款，后续USMCA也在协定文本中加入该项条款，这促成了MC12在2022年6月达成的含《渔业补贴协定》在内的"日内瓦一揽子计划"，也凸显出自贸协定对环境条款和可持续发展的重视。CPTPP环境条款的先进性体现在如下几个方面：首先，环境条款规定了包括保护臭氧层、保护海洋环境免受船舶污染、保护生物多样性、处理外来入侵物种、渔业补贴和海洋渔业捕捞以及打击野生动植物非法贸易在内多个特定领域的环境保护内容。其次，CPTPP承认多边环境协定的重要作用，要求缔约方促进未来可能出现的多边环境协定，实际上也为后来WTO《渔业补贴协定》的签署奠定了基础。最后，将环境管理与贸易争端解决机制挂钩来强化环境政策的执行程度（图1-2-4）。CPTPP环境争端解决机制规定了磋商程序、第三方调解程序以及专家组审理程序，这些程序基本类似于WTO争端解决机制的相应程序，区别仅在于无上诉程序，这些属于自贸协定环境争端解决机制的先例，加强了环境章节的法律约束力。

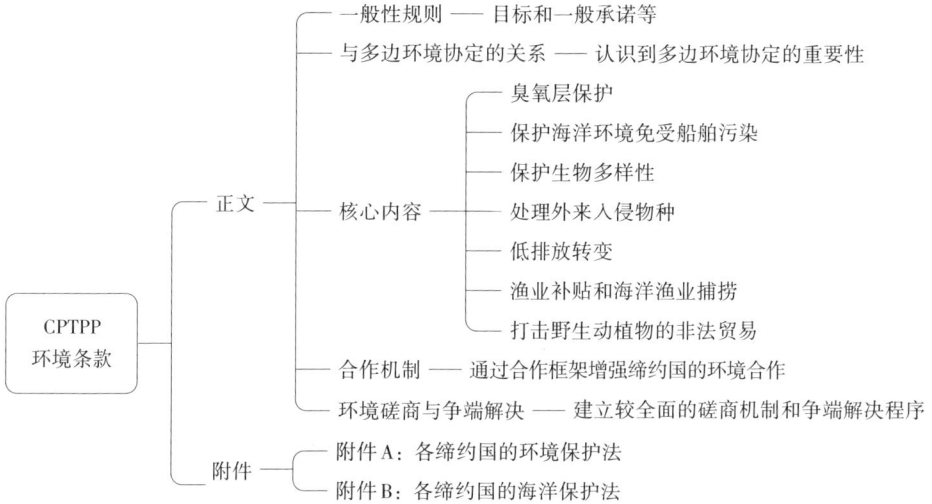

一般性规则 —— 目标和一般承诺等
与多边环境协定的关系 —— 认识到多边环境协定的重要性
正文
　核心内容
　　臭氧层保护
　　保护海洋环境免受船舶污染
　　保护生物多样性
　　处理外来入侵物种
　　低排放转变
　　渔业补贴和海洋渔业捕捞
　　打击野生动植物的非法贸易
CPTPP环境条款
　合作机制 —— 通过合作框架增强缔约国的环境合作
　环境磋商与争端解决 —— 建立较全面的磋商机制和争端解决程序
附件
　附件A：各缔约国的环境保护法
　附件B：各缔约国的海洋保护法

图1-2-4　CPTPP的环境条款

CPTPP制定了严格且复杂的原产地规则，原产货物的判定主要遵循完全获得标准和特定产品原产地规则，除完全获得或生产以及仅使用原产材料在缔约方领土内完全生产的货物属原产货物外，非原产材料"原产货物"的断定需要结合附录3-D中特定产品原产地规则看是否满足相应要求（图1-2-5）。CPTPP特定产品原产地规则根据2012年协调制度2—6位编码对货物进行了具体规定，原产货物的判定以税则归类标准改变为主（尤其是子目和品目），部分是税则归类改变或是在特定方法下的区域价值含量选择性标准，含量要求包括不低于30%、35%、40%、45%、50%、55%、60%、65%这8种情形，其中电度表（HS2012编码为9028.30）为要求最高的65%。在选择性标准下，只要符合其一，即可获得原产资格。区别于RCEP区域价值成分"扣减法"和"累加法"两种计算方法都大于40%的要求，CPTPP不仅含量标准更灵活，而且计算方法有价格法、扣减法、增值法以及净成本法四种。此外，CPTPP还对汽车和纺织品提出了专门的原产地标准。在制度性规则与程序性规则方面，CPTPP也保持着高标准特征，包括1000美元以下的进口货物免于提交原产地证书、文件需保存5年（RCEP是3年）等内容。

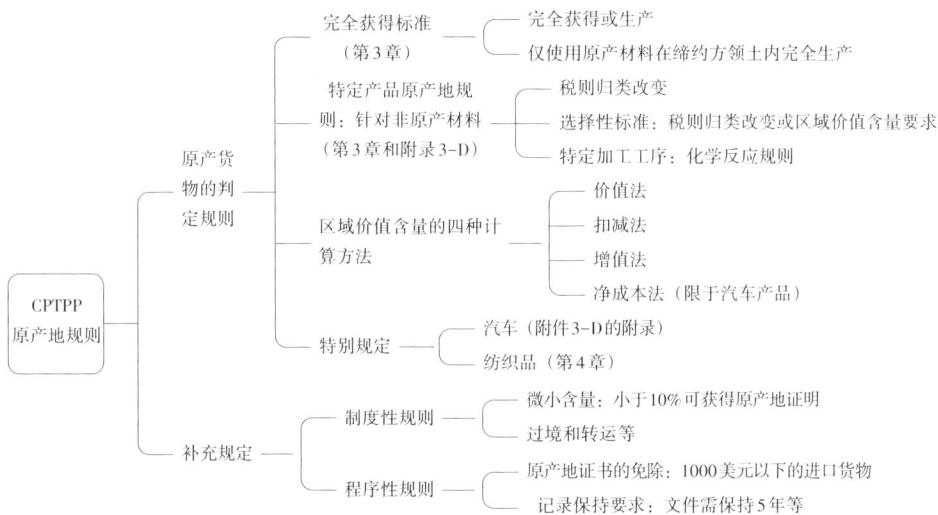

图 1-2-5　CPTPP的原产地规则
资料来源：世界贸易组织官网RTA数据库。

2.《区域全面经济伙伴关系协定》（RCEP）生效一周年

（1）RCEP核心条款解读

《区域全面经济伙伴关系协定》（RCEP）是东盟2012年发起，历时八年谈判达成的大型区域贸易协定。2020年11月15日，东盟10国和中国、日本、韩国、澳大利亚、新西兰共15个亚太国家正式签署了RCEP。RCEP的人口占世界总人口的比重接近30%，GDP（Gross domestic product）占全球GDP的比重接近28%，是人口最多、GDP最多的现行自由贸易协定（FTA），这也是中国首次与日本建立自贸伙伴关系。

中国正在全面履行RCEP协定所有承诺和义务（图1-2-6）。其中RCEP的约束性义务包含降低或取消贸易壁垒与进一步开放市场两方面的内容。RCEP的一个关键性突破是为整个区域制定了共同的原产地规则。RCEP原产地规则由产品特定规则、辅助规则以及两个附件组成。其中，原产货物的判定遵从产

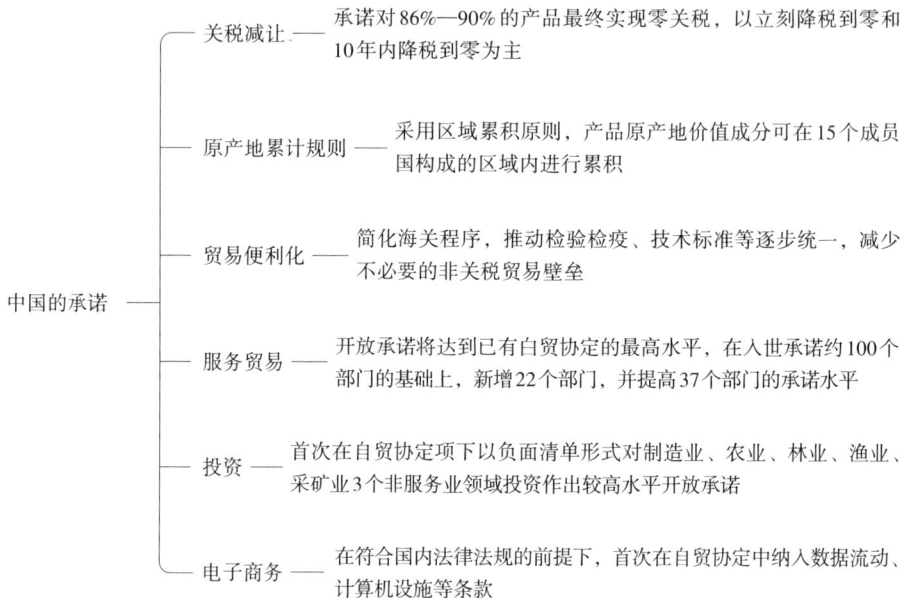

图 1-2-6　中国的承诺

资料来源：http://fta.mofcom.gov.cn/rcep/rcep_new.shtml。

品特定原则，包括完全获得标准和实质性改变标准（图1-2-7）。完全获得标准多为第一产业产品，包括产品完全获得或生产和仅使用缔约方原产材料生产两类。实质性改变标准包括税则归类改变、区域价值成分以及特定加工工序三种情况，根据 HS 2012 编码的 2、4、6 分位数的变动，税则归类改变情况分为章改变、品目改变以及子目改变三类；RCEP 关于区域价值成分的要求是 40%，可以使用扣减法和累加法两种计算方法，区域价值成分适用"累积原则"，不过使用时需要注明。辅助规则包括制度性规则和程序性规则两类，内容涉及对微小加工和处理不赋予原产地证明，小于 10% 的微小含量可获得原产地证明、申请享受优惠关税待遇、文件需保存 3 年等内容。附件包括产品特定原产地规则和最低信息要求两个，由协定文本的附件一可以发现产品特定规则以①税则归类改变，②税则归类改变或区域价值成分 40% 两种情况为主。

　　由于 RCEP 缔约方的经济基础和经贸规则水平存在显著差异，不同国家对关税、服务、投资以及自然人临时移动四个附件的承诺并不都趋于一致（图1-2-8）。整体而言，15 个缔约方对关税和自然人临时移动的承诺大致趋同，各国

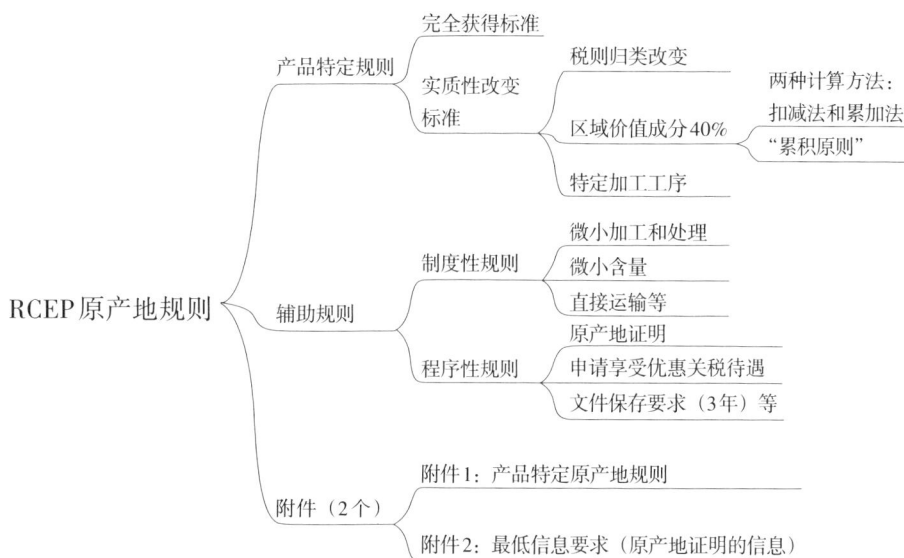

图1-2-7　RCEP原产地规则

资料来源：http://fta.mofcom.gov.cn/rcep/rcep_new.shtml。

鼓励类条款

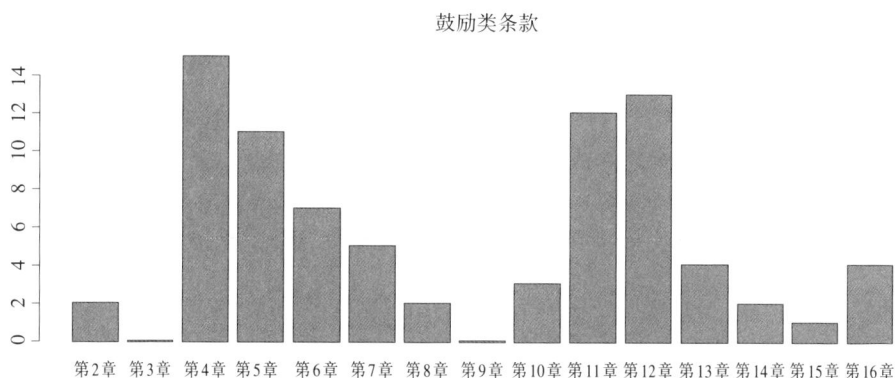

图1-2-8　RCEP"鼓励类条款"的章节分布

资料来源：http://fta.mofcom.gov.cn/rcep/rcep_new.shtml。

各类产品分阶段削减或取消关税，以及对不同类别自然人临时入境的条件和限制作出具体承诺。在附件二服务具体承诺表中，15个缔约方的承诺形式存在显著差异，中国、新西兰、菲律宾、柬埔寨、越南、老挝、缅甸以及泰国这8个国家采用正面清单，日本、韩国、澳大利亚、新加坡、马来西亚、文莱以及印度尼西亚其他7个国家使用较高水准的负面清单。其中，中国在"入世"承诺约100个开放部门基础上新增研发、空运等22个部门，加大金融、法律、海运等37个部门的开放水平，并承诺6年内全部转为负面清单，这代表当前中国服务贸易承诺开放的最高水平。而且，中国、新西兰、菲律宾、柬埔寨、越南、老挝、缅甸以及泰国8个国家的附件三是使用投资保留及不符措施承诺表，其他7个RCEP成员国是服务和投资保留及不符措施承诺表。RCEP采用投资负面准入清单加"棘轮承诺"形式（负面清单只能向前取消，以达到更高开放水平），这是中国首次在自贸协定中以负面清单形式在投资领域做出承诺。

表1-2-2　RCEP附件解读

	附件一	附件二	附件三	附件四
各国承诺	关税承诺表	服务具体承诺表	（服务和）投资保留及不符措施承诺表	自然人临时移动具体承诺表
中国	各国各类产品分阶段削减或取消关税。	正面清单。其中，中国在"入世"承诺约100个开放部门基础上新增研发、空运等22个部门，加大金融、法律、海运等37个部门的开放水平，承诺6年内全部转为负面清单，这代表当前中国服务贸易承诺开放的最高水平。	投资保留及不符措施承诺表。RCEP采用投资负面准入清单加"棘轮承诺"（负面清单取消只能向前，达到更高开放水平），这是中国首次在自贸协定中以负面清单形式在投资领域做出承诺。	对不同类别自然人临时入境条件和限制的具体承诺
新西兰				
菲律宾				
柬埔寨				
越南				
老挝				
缅甸				
泰国				
日本		负面清单	服务和投资保留及不符措施承诺表	
韩国				
澳大利亚				
新加坡				
马来西亚				
文莱				
印度尼西亚				

资料来源：http://fta.mofcom.gov.cn/rcep/rcep_new.shtml。

除了必须确保执行到位以符合协定规定的约束性义务之外，RCEP各章节中还存在部分的"鼓励类条款"，属于鼓励各国努力做到/尽可能做到但不属于一定要实施的鼓励类义务。图1-2-8展示了RCEP"鼓励类条款"的章节分布情况，其中红线为"鼓励类条款"章节分布数量的均值，可以发现第4章海关程序和贸易便利化，第5章卫生与植物卫生措施，第6章标准、技术法规和合格评定程序，第11章知识产权和第12章电子商务出现了较多的"鼓励类条款"。

从词云图可以看"鼓励类条款"文本关键词的高频出现情况，图1-2-9显示"信息"和"合作"是两个重要的关键词。"鼓励类条款"大多属于增加政策和程序透明度与合作提高便利性的要求。

图1-2-9　RCEP"鼓励类条款"词云图

资料来源：http://fta.mofcom.gov.cn/rcep/rcep_new.shtml。

（2）RCEP物流运输条款解读

物流运输条款是《区域全面经济伙伴关系协定》（RCEP）中的重要组成部

分，可分为协定正文和附件条款两部分。协定正文中多个章节对于物流运输做出了具体的规定，主要包括第3章第15条直接运输和第4章第15条快运货物。在附件条款中，附件二服务具体承诺表、附件三服务和投资保留及不符措施承诺表、附件四自然人临时移动具体承诺表中均涉及物流运输条款。

RCEP直接运输条款解读。直接运输规则的目的是确保到达RCEP进口成员方的产品与离开RCEP出口成员方的产品完全一致，以降低在协定下享受优惠待遇的货物在运输途中遭到人为操纵或被掺入非优惠货物的风险。因此，直接运输规则并非严格意义上判定原产地的规则，而是一种防止运输途中原产产品欺骗行为的行政手段，具体条款及解读如图1-2-10所示。从RCEP直接运输条款与成员已有协定相关条款的对比来看，《中国-东盟全面经济合作框架协议》（China-ASEAN Free Trade Area，CAFTA）原产地规则的直接运输条款规定在缔约方之间运输，或者在监管下途径非缔约方运输并且没有进一步加工的货物应当保持其原产地位。RCEP在CAFTA的基础上新增加了按照进口缔约方海关的要求提供所需的证明文件，这体现了RCEP缔约方对于直接

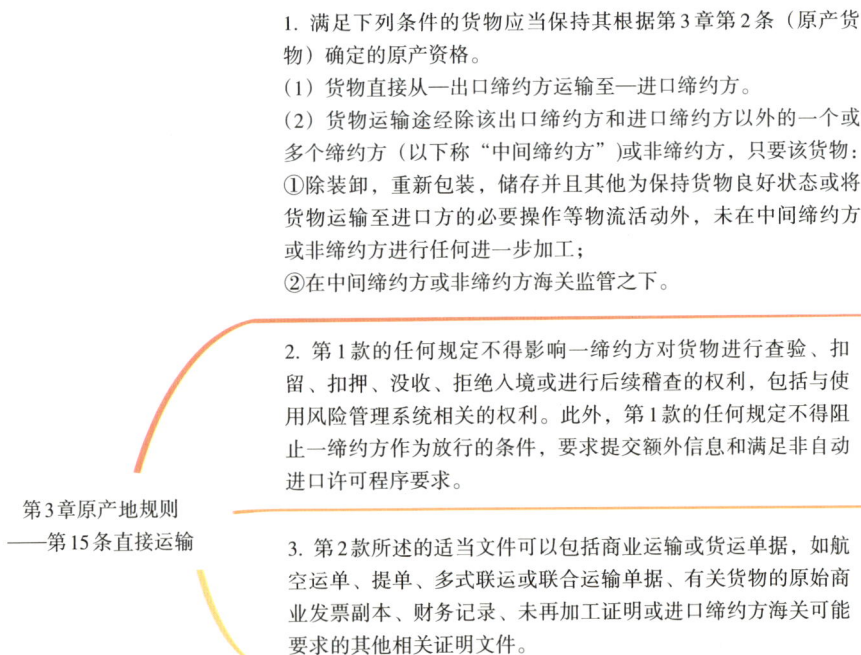

第3章原产地规则
——第15条直接运输

1. 满足下列条件的货物应当保持其根据第3章第2条（原产货物）确定的原产资格。
(1) 货物直接从一出口缔约方运输至一进口缔约方。
(2) 货物运输途经除该出口缔约方和进口缔约方以外的一个或多个缔约方（以下称"中间缔约方"）或非缔约方，只要该货物：
①除装卸，重新包装，储存并且其他为保持货物良好状态或将货物运输至进口方的必要操作等物流活动外，未在中间缔约方或非缔约方进行任何进一步加工；
②在中间缔约方或非缔约方海关监管之下。

2. 第1款的任何规定不得影响一缔约方对货物进行查验、扣留、扣押、没收、拒绝入境或进行后续稽查的权利，包括与使用风险管理系统相关的权利。此外，第1款的任何规定不得阻止一缔约方作为放行的条件，要求提交额外信息和满足非自动进口许可程序要求。

3. 第2款所述的适当文件可以包括商业运输或货运单据，如航空运单、提单、多式联运或联合运输单据、有关货物的原始商业发票副本、财务记录、未再加工证明或进口缔约方海关可能要求的其他相关证明文件。

图1-2-10 RCEP第三章第十五条直接运输条款原文

运输产品质量的重视，有利于杜绝假冒伪劣商品的出现以及维护RCEP缔约方间的互信。

RCEP快运货物条款解读。作为RCEP第4章海关程序和贸易便利化的重要部分，快运货物条款约定各缔约方应完善海关程序，提高空运货物通关时效，提升贸易便利化水平，具体条款及解读如图1-2-11和表1-2-3所示。

RCEP贸易便利化条款与WTO《贸易便利化协定》（TFA）的比较。TFA生效于2017年2月，是WTO框架下首个聚焦海关事务、促进贸易便利化并具备法律约束力的多边协定。RCEP第4章"海关程序与贸易便利化"条款由TFA发

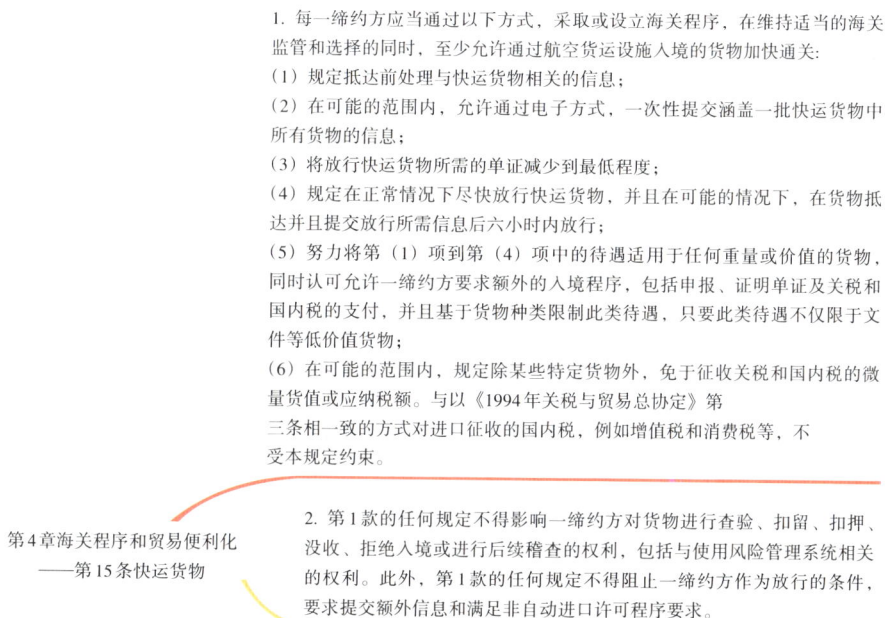

第4章海关程序和贸易便利化
——第15条快运货物

1. 每一缔约方应当通过以下方式，采取或设立海关程序，在维持适当的海关监管和选择的同时，至少允许通过航空货运设施入境的货物加快通关：
（1）规定抵达前处理与快运货物相关的信息；
（2）在可能的范围内，允许通过电子方式，一次性提交涵盖一批快运货物中所有货物的信息；
（3）将放行快运货物所需的单证减少到最低程度；
（4）规定在正常情况下尽快放行快运货物，并且在可能的情况下，在货物抵达并且提交放行所需信息后六小时内放行；
（5）努力将第（1）项到第（4）项中的待遇适用于任何重量或价值的货物，同时认可允许一缔约方要求额外的入境程序，包括申报、证明单证及关税和国内税的支付，并且基于货物种类限制此类待遇，只要此类待遇不仅限于文件等低价值货物；
（6）在可能的范围内，规定除某些特定货物外，免于征收关税和国内税的微量货值或应纳税额。与以《1994年关税与贸易总协定》第三条相一致的方式对进口征收的国内税，例如增值税和消费税等，不受本规定约束。

2. 第1款的任何规定不得影响一缔约方对货物进行查验、扣留、扣押、没收、拒绝入境或进行后续稽查的权利，包括与使用风险管理系统相关的权利。此外，第1款的任何规定不得阻止一缔约方作为放行的条件，要求提交额外信息和满足非自动进口许可程序要求。

图1-2-11　RCEP第4章第15条直接运输条款

表1-2-3　RCEP第4章第15条直接运输条款解读

核心条款	条款解读
第四章海关程序和贸易便利化——第15条快运货物	第1款要求各缔约方应提高空运运输货物通关时效，在可能的情况下，在货物抵达并且提交放行所需信息后6小时内放行。
	第2款是对第1款的补充规定，要求不得影响各缔约方对货物进行查验、扣留、扣押、没收等权利。

展而来，在部分领域提高了程序简化的程度，有关物流运输行业条款的差异主要体现在货物放行和快运货物领域，具体如表1-2-4所示。总体来看，在海关程序和贸易便利化方面，RCEP简化了海关通关手续，采取预裁定、抵达前处理、信息技术运用等促进海关程序的高效管理手段，在可能情况下，对快运货物、易腐货物等争取实现货物抵达后6小时内放行，促进了快递等新型跨境物流发展，推动了果蔬和肉、蛋、奶制品等生鲜产品的快速通关和贸易增长，整体开放水平超过了WTO《贸易便利化协定》。

表1-2-4　RCEP贸易便利化条款与WTO《贸易便利化协定》的比较

RCEP程序要求	差异分析
维持适当的海关监管和选择	RCEP措辞为"维持适当监管"，而TFA措辞为"维持监管"，体现出RCEP将比WTO的监管更加宽松，强调简化海关程序的重要性，更有利于提升货物流通的便利化
规定在正常情况下尽快放行快运货物，并且在可能的情况下，在货物抵达并且提交放行所需信息后6小时内放行	RCEP明确指出跨境运输货物应在提供全部所需信息且符合全部要求的情况下6小时内完成通关，而TFA尚未对此做出明确规定，此规定使区域内的企业物流运输速度得到保障
在可能的范围内，允许通过电子方式，一次性提交涵盖一批快运货物中所有货物的信息	RCEP相较于TFA，更加强调以信息技术提升海关运行效率，规定可在货物运抵前提交电子数据，约定电子文件与纸质文件有同等法律效力。缔约方应加强合作，提升信息技术的通关应用程度

中国在RCEP中的正面清单。RCEP条款中，中国在物流运输行业做出了较大的开放承诺，在海运服务、铁路运输服务、客运服务、速递服务和辅助服务等方面开放度较高，在内水运输服务和航空运输服务方面开放程度较低，具体如表1-2-5所示。

表1-2-5　中国在RCEP中运输服务的承诺

	市场准入限制	国民待遇限制
海运服务	在跨境提供、境外消费、商业存在方式上没有限制；在自然人移动方式上，对船员和商业存在雇用的主要人员不另做承诺	没有限制
内水运输服务	只允许在对外国船舶开放的港口从事国际运输；其他没有限制	同市场准入栏目下标明的限制
航空运输服务	航空器维修服务、计算机订座系统在商业存在方式上要求中方控股；空运服务的销售不做承诺	航空器维修服务领域由外国投资者投资的企业有在国际市场开展业务的义务
铁路运输服务	没有限制	没有限制
客运服务	没有限制	没有限制
速递服务	没有限制	没有限制
辅助服务	没有限制	没有限制

资料来源：中国附件2正面清单承诺表。

图1-2-12进一步展示了中国外商投资负面清单（2021），在RCEP生效后，国外企业从事国际运输时需要在对外开放的港口开展业务，并且禁止外籍船只从事沿海运输服务，从事国内水上运输服务时需要保证中方控股。

部分缔约方在RCEP中对运输服务的正面清单承诺。在运输服务承诺方面，中国、新西兰、柬埔寨、老挝、缅甸、菲律宾、泰国和越南8个缔约方是按照"正面清单"方式做出的承诺，其中新西兰和柬埔寨均对九项运输相关的部门做出了承诺，中国对除空运服务销售外的8个部门做出了开放承诺，并且要求航空器维修和计算机订座部门中方控股。越南对全部9个部门均做出了承诺，但在海运服务等6个部门做出了股权比例限制。依据"过渡"条款的规定，所有按照"正面清单"做出承诺的缔约方均需要在协议生效后的规定时间内过渡到"负面清单"（表1-2-6）。由于缔约方的经济基础和经贸规则水平存在显著差异，除了柬埔寨、老挝和缅甸过渡期为12年外，其他包括中国、新西兰等在内的5个缔约方过渡期为3年。

图1-2-12　中国外商投资负面清单

资料来源：《外商投资准入特别管理措施（负面清单）（2021年版）》

表1-2-6　RCEP部分缔约方对运输服务的正面清单承诺

	海运服务	航空运输服务			内水运输服务	铁路运输服务	公路运输服务	客运	辅助服务
		航空器维修	空运服务销售	计算机订座					
中国	√	√		√	√	√	√	√	√
新西兰	√	√	√	√	√	√	√	√	√
柬埔寨	√	√	√	√	√	√	√	√	√
老挝		<51%	√	√					
缅甸	<70%	√	√	√					
菲律宾	√	√				√			
泰国		√	√		√		√	√	√
越南	<49%	√	√	√	<49%	<49%	<49%	<49%	<50%

资料来源：各缔约方正面清单承诺表。上述正面清单承诺中，缔约方可能针对某一子部门的某一服务模式在国民待遇或者市场准入方面列有限制措施，这里不一一说明；在菲律宾获得公共事业经营授权需保证菲律宾公民或根据菲律宾法律成立的公司或协会拥有至少60%的资本。

部分缔约方在RCEP中涉及运输服务的负面清单条款。RCEP部分成员（澳大利亚、文莱、日本、韩国、印度尼西亚、马来西亚和新加坡）采用了服务和投资合一的负面清单模式，如表1-2-7所示。各国均对海洋运输的子部门列出了负面清单；航空运输业方面，日本和韩国在航空器维修和维护服务部门列出了负面清单。文莱对除内水运输、航空运输以外的4个部门做出了限制，印度尼西亚则对除铁路运输、航空运输以外的4个部门提出限制。韩国对4个部门做出了限制，其中不包括内水运输和附带服务；马来西亚对3个部门做出了限制，其中未提及航空运输、铁路运输和内水运输。澳大利亚的限制范围最小，仅提及海洋运输。同时，各缔约方将一些敏感领域列入清单二，保留完全的政策空间，今后可以在这些领域采取对外资更具限制性的加严措施。

表1-2-7　RCEP缔约方涉及运输服务的负面清单条款

条款	澳大利亚	日本	韩国	文莱	印度尼西亚	马来西亚	新加坡
航空运输		√	√				
海洋运输	√	√	√	√	√	√	√
铁路运输		√	√				√
公路运输		√	√	√	√	√	√
内水运输		√			√		√
运输附带服务		√		√	√	√	√

资料来源：各缔约方《附件三服务和投资保留及不符措施承诺表》。此处列出具体的负面清单，只有提示相应子部门有限制措施，除限制措施外就是开放的。RCEP投资负面清单仅涉及非服务业（包括制造业、农业、林业、渔业、畜牧业及采矿业等）。

RCEP中的自然人临时移动条款。RCEP继承了WTO《服务贸易总协定》（GATS）对服务贸易提供方式的划分方法（如图1-2-13所示）。其中自然人临时移动是RCEP各缔约方的一种重要服务贸易提供方式，物流运输相关条款在这一方式上的变化格外值得关注。RCEP框架下有关自然人临时移动的条款分为正文条款与附件条款。正文条款为第9章"自然人临时移动"，规定了各缔约方承诺对于区域内各国投资者、公司内部流动人员、合同服务提供者、随行配偶及家属等各类商业人员，在符合条件的情况下，可获得一定居留期限，享受签证便利，开展各种贸易投资活动。相较于CAFTA，RCEP对适用临时入境的自然人类型进行了扩宽，所涉及的人员类型更加广泛。从物流运输相关条款来看，对中国而言，国际航运船舶外籍船员登陆不被允许，但是相关的安装和服务技术人员被允许；菲律宾承诺允许商务访问人员、注册公司内部管理人员临时入境停留30天，且期限可以延长；澳大利亚承诺根据入境人员的职业给予不同的停留时间，允许注册公司高管首次停留4年、专家首次停留2年，合同服务提供者临时入境停留1年，且均可延长停留时间，允许商务会议、投资和销售人员停留3个月等。总体而言，RCEP约定的自然人临时移动政策开放程度超过各成员国原有的双边协定水平，较大幅度减少了自然人临时移动的限制性条件，如减少进行劳动力市场测试或其他类似影响的程序等。所有签约国在符合条件时，对跨境商务旅行所面临的入境、临时停留审批手续、程序透明度等都进行了一定程度的改进，有利于提高各缔约方的物流运输便利化水平。

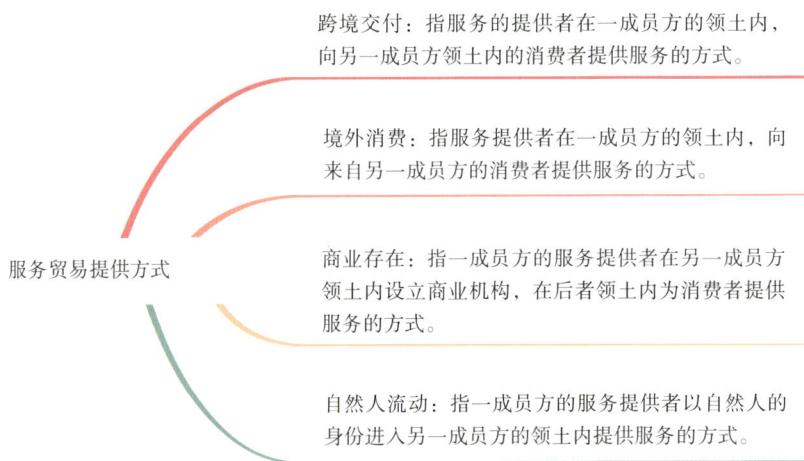

图1-2-13　RCEP下服务贸易的四种提供方式

（3）RCEP与USMCA、CPTPP的对比

全球三大区域贸易协定是RCEP、CPTPP和USMCA。从缔约成员来看，RCEP比CPTPP和USMCA更具有包容性，RCEP的成员中既有高收入和中等收入国家，也有低收入和欠发达国家（图1-2-14）。

图1-2-14　RCEP、CPTPP与USMCA的成员

由于成员数量较多，RCEP和CPTPP均允许部分国家在满足某一条件的情况下可以"率先生效"，而USMCA由于只有3个成员，因此只有"同时生效"这一种情况。

从议题设置来看，RCEP经济体多数为发展中国家，因此议题仍以传统议题为主（见图1-2-15），对于劳工、环境、国有企业等边境后规则的关注相对较少。而CPTPP和USMCA则代表了美国、日本等发达国家的利益关注，其章节设置不仅覆盖了传统议题，还涉及国有企业和指定垄断、劳工、环境、透明度和反腐败等"贸易+"新议题。

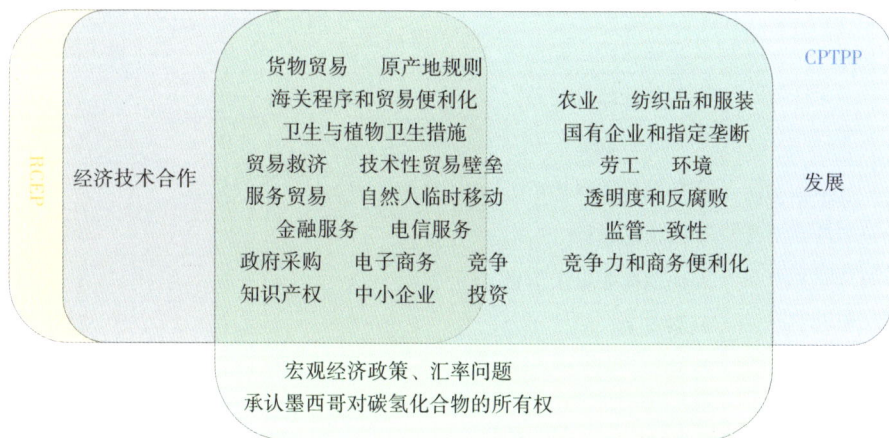

图1-2-15　RCEP、CPTPP与USMCA章节的对比

资料来源：http://fta.mofcom.gov.cn/rcep/rcep_new.shtml、http://www.mofcom.gov.cn/article/zwgk/bnjg/202101/20210103030014.shtml 和 https://ustr.gov/trade-agreements/free-trade-agreements/united-states-mexico-canada-agreement/agreement-between。

　　随着数字经济向纵深发展，数字贸易规则逐渐成为当前国际经贸规则重构的重要内容。目前尚未形成一套为各国所普遍接受的数字贸易规则或制度安排，大国面对日益增长的数字贸易治理需求与多边规则制定缺位之间的矛盾，各自形成了特色鲜明的治理方案，如CPTPP、USMCA、RCEP中的有关章节。对比相关条款可以发现，无论是在开放广度还是在开放深度上，RCEP同CPTPP和USMCA均存在一定的差异，具体表现为对特定规则细节设定的不同（表1-2-8）。

表1-2-8　RCEP、CPTPP与USMCA电子商务（数字贸易）章节内容的对比

类别	条款	RCEP	CPTPP	USMCA
旨在为数字贸易创造便利环境的条款	电子传输免征关税	1	1	1
	数字产品的非歧视待遇	0	1	1（极少数例外）
	国内电子交易框架	1	1	1
	无纸化贸易	1	1	1
	电子认证	1	1	1
	电子签名	1	1	1
旨在尽量减少数字贸易提供商的商业和监管负担的条款	接入和使用互联网开展电子商务	0	1	1
	数据自由流动	1（较多例外）	1	1（极少数例外）
	禁止数据本地化措施	1（较多例外）	1	1（极少数例外）
	禁止强制转让源代码	0	1	1（极少数例外）
	交互式计算机服务	0	0	1
	公开政府数据	0	0	1
旨在保护消费者利益和增强消费者信任的条款	在线消费者保护	1	1	1
	个人信息保护	1	1	1
	非应邀商业电子信息	1	1	1
旨在帮助政府保留解决各种社会政策目标所需空间的条款	网络安全	1	1	1
	合作	1	1	1
	争端解决	不适用	1	0

　　资料来源：http://fta.mofcom.gov.cn/rcep/rcep_new.shtml、http://www.mofcom.gov.cn/article/zwgk/bnjg/202101/20210103030014.shtml 和 https://ustr.gov/trade-agreements/free-trade-agreements/united-states-mexico-canada-agreement/agreement-between。

　　注：1表示协定中至少包含一项具体条款。

3. 中韩积极推进加入《数字经济伙伴关系协定》（DEPA）进程

（1）DEPA核心条款解读

《数字经济伙伴关系协定》（*Digital Economy Partnership Agreement*，DEPA）是由新加坡、智利、新西兰于2020年6月签署的旨在加强数字贸易领域合作的协定。2021年11月，中国正式提出申请加入DEPA。2022年8月，中国加入DEPA工作组正式成立。2022年4月15日，韩国通过了"加入《全面与进步跨太平洋伙伴关系协定》（CPTPP）推进计划"。不同于以往其他贸易协定仅在部分章节提及数字经济，DEPA是全球首个针对数字经济领域的专项协定。

DEPA条款内容包括初步条款和一般定义、商业和贸易便利化、数字产品待遇和相关问题、数据问题、更广泛的信任环境、商业和消费者信任、数字身份、新兴趋势和技术、创新与数字经济、中小企业合作、数字包容性、联合委员会和联络点、透明度、争端解决、例外和最后条款16个模块（图1-2-16）。

DEPA的第一部分为实质性条款，包括原文中的前11个模块。该部分内容可以概括为以下四个话题：数据流动与系统联通、个人信息保护、新兴技术合作和数字经济包容发展。

DEPA旨在促进数据流动与系统联通。促进信息要素的自由流动、提升企业竞争力是DEPA最重要的目标之一，与此相关的条款篇幅占比约为四分之一。首先，DEPA对贸易便利化措施进行了探讨（第2章），主要内容包括：（1）无纸贸易，增强贸易文件电子版本的可及性，接受电子版本与纸质单证具有同等法律效力，设立彼此兼容的数据交换系统；（2）构建国内电子交易框架，避免对电子交易施加不必要的监管负担；（3）认识高效跨境物流的重要性，交流物流部门的实践方案；（4）促进支持电子发票的基础设施的建设，保证电子发票相关措施具有跨境交互操作性；（5）对快运货物采用快速海关程序，同时保持适当海关监管和选择；（6）增强支付系统之间的可交互操作性，加强监管以保证电子支付系统安全、效率、有保障。其次，DEPA对数字产品待遇进行了约定（第3章），主要内容包括：（1）不得对电子传输以及电子传输的内容征税；（2）数字产品享有非歧视待遇，其他缔约国生产的数字产品的待遇不得低于其他同类数字产品；（3）对于使用密码术的产品，不得设立合格评定程序作为市

DEPA 实质性条款部分

- 初始条款和一般定义 —— 范围、与其他协定的关系、一般定义
- 商业和贸易便利化 —— 无纸贸易、国内电子交易框架、物流、电子发票、快运货物、电子支付
- 数字产品待遇和相关问题 —— 关税、数字产品非歧视待遇、使用密码术的信息和通信技术产品
- 数据问题 —— 个人信息保护、通过电子方式跨境传输信息、计算设备的位置
- 更广泛的信任环境 —— 网络安全合作、网上安全和保障
- 商业和消费者信任 —— 非应邀商业电子信息、在线消费者保护、接入和使用互联网的原则
- 数字身份 —— 努力促进数字身份制度之间的可交互操作性
- 新兴趋势和技术 —— 金融科技合作、人工智能、政府采购、竞争政策合作
- 创新和数字经济 —— 公有领域、数据创新、开放政府数据
- 中小企业合作 —— 增强中小企业在数字经济中的贸易和投资机会的合作、信息共享、数字中小企业对话
- 数字包容性 —— 妇女、农村人口、低收入社会经济群体参与数字经济

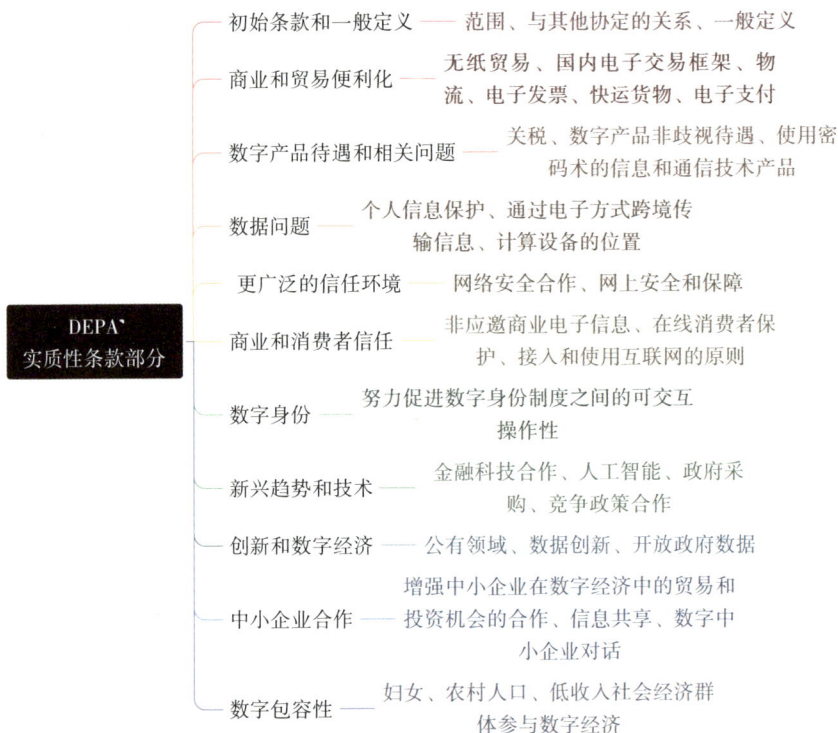

图 1-2-16　DEPA 实质性条款部分

资料来源：商务部《数字经济伙伴关系协定（参考中译文）》，http://images.mofcom.gov.cn/gjs/202112/20211215174726440.pdf

场准入要求。

DEPA 注重个人信息保护。在提升企业竞争力的同时，保护消费者权益仍是不可忽视的另一政策目标。首先，DEPA 对数据问题进行了规定（第 4 章），采用为电子商务和数字贸易用户的个人信息提供保护的法律框架，鼓励企业采用数据保护可信任标志。其次，DEPA 致力于建立更广泛的信任环境（第 5 章），加强网络安全合作，构建安全可靠的网络环境。最后，DEPA 旨在建立消费者信任（第 6 章），降低非应邀商业电子信息数量，制定禁止欺诈、误导或欺骗性行为的法规，提供消费者救济制度。

DEPA 探索新兴技术合作。除了对现有数字经济问题的规定，DEPA 也对前沿的技术进行了探讨，包括金融科技合作与人工智能。对金融科技合作方面，DEPA 认为缔约方应促进其金融科技（FinTech）产业间合作；在人工智能方

面，DEPA认为各缔约方需认识到人工智能技术的使用日益广泛，应努力促进采用可信、安全和负责任的人工智能治理框架（第八章）。

DEPA强调数字经济包容发展。在提升效率的同时，保证数字经济的相对公平仍是政策目标之一。首先，DEPA强调中小企业在保持数字经济活力和增强竞争力方面的基础地位，缔约方应增强中小企业在数字经济中的贸易和投资机会的合作，促进数字中小企业对话（第十章）。其次，DEPA强调数字包容性，缔约方应认识到扩大数字经济机会的重要性，包括加强人与人之间的联系，以及改善妇女、农村人口和低收入社会经济群体的机会。

从DEPA实质性条款的词云图（图1-2-17）可以看出，DEPA实质性条款部分高频词为"认识""促进"，体现了DEPA以倡导为主的"新式"特点。相比于"美式""欧式""中式"数字贸易规则，由新加坡主导的"新式"数字贸易规则具有较强的创新性。"新式"数字贸易规则特点包括倡议条款多、强制条款少，注重搭建政府间合作框架等。

DEPA的第二部分为运作和争端解决，包括原文中的后5个模块。该部分内容可以概括为以下五个话题：联合委员会制度和联络点、透明度、争端解决的方式、例外和新成员加入的条件（图1-2-18）。

图1-2-17　DEPA实质性条款词云图

联合委员会制度和联络点 ── 联合委员会的只能、决策、联合委员会议事规则、本协定的合作和实施、联络点

透明度 ── 公布、行政程序、复审和上诉、通知和提供信息

DEPA 运作和争端解决

争端解决的方式 ── 斡旋和调解、调停、仲裁、场所的选择

例外 ── 一般例外、安全例外、《怀唐伊条约》、审慎例外和货币和汇率政策例外、税收措施、国际收支保障措施

最后条款 ── 交存方、生效、修正、加入、退出、信息披露、机密性、附件和脚注、电子签名

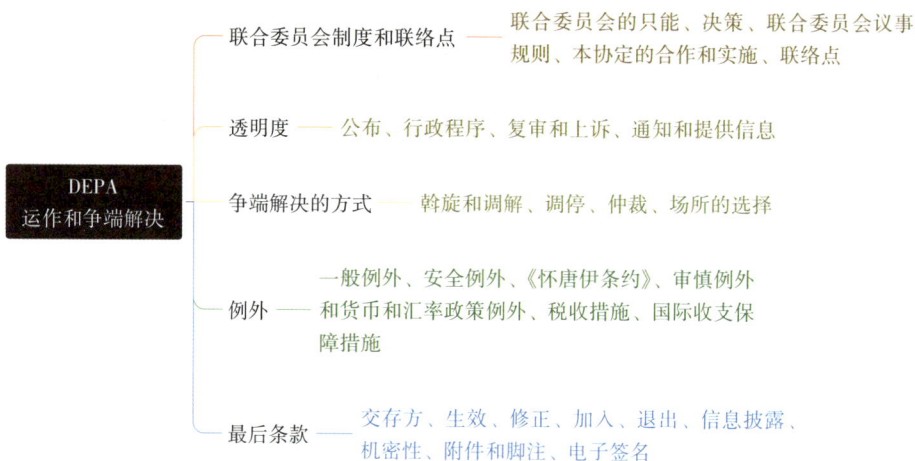

图 1-2-18 DEPA 运作和争端解决部分

资料来源：商务部《数字经济伙伴关系协定（参考中译文）》，http://images.mofcom.gov.cn/gjs/201112/20211215174726440.pdf

　　DEPA 的运作和争端解决条款呈现如下特征：首先，DEPA 使用联合委员会制度解决可能的争端（第 12 章）。联合委员会应在协议生效之日起一年内召开会议，缔约方轮流担任联系委员会会议主席。联合委员会的职能包括审议下属机构设立和加入条件、审议修正提案、解决争端等。每一缔约方应指定一总联络点，以便各方沟通。其次，DEPA 要求各缔约方保证各事项的透明度（第 13 章）。每一缔约方应保证法律、法规、程序和行政裁决迅速公布，建立相关司法、准司法、行政法庭或程序以迅速审议 DEPA 相关事宜的最终行政行为，并保证行政程序当事人拥有为各自立场辩护的机会。再次，DEPA 各方可以通过斡旋和调解、调停或仲裁的方式解决争端（第 14 章、附件十四）。缔约方可以随时同意自愿采取争端解决的任何替代方式，例如斡旋或调解。针对一部分事项，缔约方可随时请求与其他缔约方进入调停程序。参与调停的缔约方应努力在调停程序启动 10 日内就调停人达成一致。调停人应允许缔约方在 15 天内对事实报告草案提出意见，调停人应在 15 天内向参与调停的缔约方递交一份书面最终事实报告。如参与调停的缔约方已议定解决方法，则每一缔约方应采取必要措施在议定时限内实施共同议定的解决方案。若进行仲裁程序，仲裁庭应提交初步报告和最终报告。临时措施包括补偿和中止利益，长期措施是消

除现有措施与DEPA不符之处以便实现DEPA的全面执行。最后，DEPA例外条款包括环境保护、文物保护、国家安全、审慎例外、货币和汇率政策例外等（第15章）。DEPA保持开放，新成员按照缔约方之前议定的条件加入（第16章）。

从DEPA运作和争端解决部分的词云图（图1-2-19）可以看出，DEPA运作和争端解决部分高频词为"仲裁庭""请求""程序"，体现了DEPA运作程序的严谨性。

图1-2-19　DEPA运作和争端解决部分词云图

（2）DEPA与代表性大型FTA数字贸易规则的比较

相较于电子商务和跨境电商的繁荣发展，当前全球数字贸易规则仍处于"缺位"状态，国际层面数字贸易规则的制定主要包括以下三个方面：首先是在世界贸易组织框架下开展的电子商务诸边谈判，包括中国、美国、欧盟、日本在内的80多个主要经济体已经加入该谈判进程中，多边谈判围绕贸易便利化、贸易自由化、信任、交叉议题、电信以及市场准入这六类问题展开，尽管各成员在电子签名、无纸贸易以及电子传输免关税等贸易便利化议题、消费者保护等隐私保护和源代码除外的信任议题、国内监管和网络安全等交叉议题、电信议题以及市场准入议题等多方面达成共识，然而在跨境数据自由流动、数字内容非歧视、互联网和数据访问这些贸易自由化议题分歧很大；其次是将数字贸易规则纳入自由贸易协定中，如《全面与进步跨太平洋伙伴关系协定》（CPTPP）第14章、《美墨加协定》（USMCA）第19章、《区域全面经济伙伴关系协定》（RCEP）第12章等大型FTA均包含相关规制。最后是部分国家间签订了专门的数字贸易协定，如美国和日本签署的《美日数字贸易协定》、新加坡与智利、新西兰、澳大利亚、英国、韩国均已经签署了专门的数字贸易协定。

在上述背景下，纳入FTA的数字贸易规则和专门的数字贸易协定是目前国际规则制定的主要渠道。DEPA是专业性数字贸易协定的代表，而CPTPP、USMCA、RCEP三个大型FTA均有涉及数字贸易规则，为此我们进行了DEPA与主要大型FTA数字贸易规则的内容对比（表1-2-9）。美国是将数字贸易规则纳入FTA进而参与数字贸易国际规则制定的典范，其通过CPTPP前身的TPP和USMCA构建起数字贸易规则的"美式模板"，中国目前已经加入了RCEP并积极申请加入CPTPP。CPTPP和RCEP是"电子商务"章节，USMCA首次出现了"数字贸易"章节，DEPA则是涉及更多规范细节的专业性协定，对比DEPA与RCEP、CPTPP以及USMCA的"电子商务"（数字贸易）章节差异，我们发现：其一，不同协定对规则细节的设定存在差异，四项协定都囊括了电子传输免征关税、国内电子交易框架、电子签名和认证、在线消费者保护、个人信息保护以及非应邀商业电子信息等内容，都属于较高标准的自贸协定，而且DEPA还包含数字产品的非歧视待遇、接入和使用互联网开展电子商务、开放政府数据等RCEP所没有的内容，开放政府数据、联合委员会和联络点、透明度等CPTPP所没有的内容、中小企业合作、联合委员会和联络点、透明度、争端解决等USMCA所没有的内容。其二，中小企业合作、物流和快运货物、新兴趋势和技术（金融科技、人工智能、政府采购、竞争政策）以及数据创新等属于DEPA的创新性条款，这些"新式模板"条款反映出新加坡对数字贸易规则的核心诉求。其三，DEPA没有涵盖源代码保护和交互式计算机服务两项内容，由于新加坡、智利、新西兰这些国家缺乏具有全球影响力的大型ICT（Information and Communications Technology）企业，因而对当地中小企业和数字初创企业做出特别关照，没有强化源代码等知识产权保护，也没有纳入交互式计算机服务将互联网中介的免责范围扩展至非知识产权领域。

表1-2-9　DEPA与主要大型FTA数字贸易规则的内容对比

数字贸易规则	主要大型FTA			专业化协定
	CPTPP	USMCA	RCEP	DEPA
电子传输免征关税	1	1	1	1
国内电子交易框架	1	1	1	1
无纸贸易	1	1	1	1
电子认证和电子签名	1	1	1	1
在线消费者保护	1	1	1	1
个人信息保护	1	1	1	1
非应邀商业电子信息	1	1	1	1
网络安全	1	1	1	1
合作	1	1	1	1
数字产品的非歧视待遇	1	1	0	1
接入和使用互联网开展电子商务	1	1	0	1
跨境数据自由流动	1	1	1（较多例外）	1
禁止数据本地化措施	1	1	1（较多例外）	1
禁止强制转让源代码	1	1	0	0
交互式计算机服务	0	1（部分例外）	0	0
开放政府数据	0	1	0	1
中小企业合作	1（简单提及）	0	1（简单提及）	1
物流和快运货物	0	0	0	1
新兴趋势和技术（金融科技、人工智能、政府采购、竞争政策）	0	0	0	1
数据创新	0	0	0	1

数字贸易规则	主要大型FTA			专业化协定
	CPTPP	USMCA	RCEP	DEPA
数字包容性	0	0	0	1
联合委员会和联络点	0	0	1（非专门）	1
透明度	0	0	1	1
争端解决	1	0	1	1

注：1表示协定中至少包含一项具体条款。

（3）DEPA与其他专业化数字经济协定的内容对比

近年来新加坡十分重视专业性数字贸易协定的谈判和签署，在数字贸易规则"美式模板"和"欧式模板"外，提出了代表自身利益诉求的"新式模板"。2020年，新加坡与新西兰和智利签署了《数字经济伙伴关系协定》，新加坡与澳大利亚的数字经济协定（The Singapore–Australia Digital Economy Agreement，SADEA）生效；2021年，新加坡与韩国完成韩国—新加坡数字伙伴关系协定（Korea–Singapore Digital Partnership Agreement，KSDPA）谈判，新加坡与英国的数字经济协定（UK–Singapore Digital Economy Agreement，UKSDEA）生效；2022年，新加坡与法国签署了数字和绿色经济合作伙伴关系；此外，新加坡也正在加强与欧盟、印度和加拿大等经济伙伴的数字经济合作事宜。而美国在退出TPP后，与日本在2019年签订了UJDTA（Agreement Between The United States Of America And Japan Concerning Digital Trade）。DEPA参考了CPTPP等高标准自贸协定的相关条款，但具有开放性和灵活性的"模块化"特征，我们进一步地进行了DEPA与其他专业化数字经济协定的内容对比。就具体内容而言，相较于其他专业化数字经济协定，DEPA具有典型的"新式模板"特征，中小企业合作、物流和快运货物、新兴趋势和技术（金融科技、人工智能、政府采购、竞争政策）、数据创新、电子发票和电子支付以及数字身份是其代表性条款。不过，相较于其他"新式模板"的数字贸易协定（SADEA、UKSDEA、KSDPA），DEPA的特征内容是没有涵盖源代码保护，且具有专门的联合委员会和强有力的争端解决机制。相较于上述数字贸易协定，UJDTA更像是删减版的USMCA数字贸易章节，其标准并不高，甚至没有涉及无纸贸易、接入和使用互联网开展电子商务两项内容（表1-2-10）。

表1-2-10 DEPA与其他专业化数字经济协定的内容对比

专业化数字经济协定	新式模板				美式模板
	DEPA	SADEA	UKSDEA	KSDPA	UJDTA
电子传输免征关税	1	1	1	1	1
国内电子交易框架	1	1	1	1	1
无纸贸易	1	1	1	1	0
电子认证和电子签名	1	1	1	1	1
在线消费者保护	1	1	1	1	1
个人信息保护	1	1	1	1	1
非应邀商业电子信息	1	1	1	1	1
网络安全	1	1	1	1	1
合作	1	1	1	1	1
数字产品的非歧视待遇	1	1	1	1	1
接入和使用互联网开展电子商务	1	1	0	1	0
跨境数据自由流动	1	1	1	1	1
禁止数据本地化措施	1	1	1	1	1
源代码保护	0	1	1	1	1
交互式计算机服务	0	0	0	0	1
开放政府数据	1	1	1	1	1
电子发票和电子支付	1	1	1	1	0
数字身份	1	1	1	1	0
中小企业合作	1	1	1	1	0

续表

专业化数字经济协定	新式模板				美式模板
	DEPA	SADEA	UKSDEA	KSDPA	UJDTA
物流和快运货物	1	1	1	1	0
新兴趋势和技术（金融科技、人工智能、政府采购、竞争政策）	1	1	1	1	0
数据创新	1	1	1	1	0
数字包容性	1	1	1	0	0
联合委员会和联络点	1	0	0	0	0
透明度	1	1	0	0	0
争端解决	1	1	0	0	0

注：1表示协定中至少包含一项具体条款。

4.《印太经济框架》（IPEF）启动

（1）发展历程

2021年10月，美国总统拜登在东亚峰会上首次提出印太经济框架（英文全称Indo-Pacific Economic Framework，简称IPEF）议程[①]，表示将在贸易便利化、数字经济和技术标准、供应链弹性、脱碳和清洁能源、基础设施、工人标准等领域与印太地区伙伴开展合作。随后的半年时间里，拜登政府官员密集访问日本、新加坡、马来西亚、韩国、印度、印度尼西亚等国，积极为IPEF造势。在此基础上，2022年5月23日，美国会同其他12个初始成员国共同宣布启动印太经济框架。2022年5月26日，斐济宣布加入IPEF，由此成为印太经济框架第14个初始成员国。

---

① https：//www. whitehouse. gov/briefing-room/statements-releases/2021/10/27/readout-of-president-bidens-participation-in-the-east-asia-summit/.

2022年7月26日，美国政府与其他13个创始成员国就印太经济框架未来谈判问题进行了为期两天的线上会议，这也是自IPEF正式启动以来的首次部长级会议。然而，这一级别的会议结束后却并未发表联合声明，也未取得任何增进框架有效性的成果。2022年9月8日至9月9日，14个成员国于洛杉矶召开部长级会议，这是IPEF首轮面对面的部长级会议。会后发布了与印太经济框架"四大支柱"相对应的四份部长级声明。2022年9月10日，印度宣布退出四大支柱之一的贸易谈判，印度成为赴美参会的13个成员国中唯一没有签署IPEF的国家。印度商务部部长戈亚尔表示，印度没有加入贸易领域的谈判，是因为印度还没有看到各国将从贸易方面获得什么好处。不过，戈亚尔也表示印度将继续以观察员身份密切参与贸易谈判。

继2022年9月9日美国和印太经济框架合作伙伴宣布谈判目标后，美国贸易代表办公室又于2022年9月23日发布了关于贸易支柱的谈判目标①，进一步列出了贸易支柱的重点和优先事项，具体将就劳工、环境、数字经济、贸易便利化、农业、竞争政策、透明度和良好的监管做法、包容性、技术援助和经济合作领域的承诺进行进一步谈判。

2022年12月10日到15日，印太经济框架的14个成员国约450名官员在澳大利亚布里斯班举行了第一轮谈判，该轮谈判主要对贸易、供应链和公平经济这三个支柱的文本以及清洁经济这一支柱的概念文件进行了讨论②。

（2）具体内容

IPEF从内容上主要包括贸易、供应链、清洁经济以及公平经济这四大支柱，下面我们将对每个支柱进行逐一介绍。

A. 贸易支柱。这一支柱主要涉及如下内容：

（a）劳工：保护劳工权利和利益，并提到要关注数字经济条件下新出现的

---

① https://ustr.gov/about-us/policy-offices/press-office/press-releases/2022/september/indo-pacific-economic-framework-prosperity-biden-harris-administrations-negotiating-goals-connected.

② https://ustr.gov/about-us/policy-offices/press-office/press-releases/2022/december/joint-ustr-and-department-commerce-readout-first-indo-pacific-economic-framework-negotiating-round.

劳工问题。

（b）环境：促进清洁技术、环境商品和服务的贸易和投资，打击对环境有害的贸易。

（c）数字经济：推进数字贸易，在可信安全的基础上推动数据的跨境流动。

（d）农业：增强食品和农产品的正常流通，减少不合理限制。

（e）透明度和良好的监管做法：增强规则和监管的透明度，并提到在 WTO 基础上进一步推动服务国内规制。

（f）竞争政策：强调维护公平竞争，促进消费者保护。

（g）贸易便利化：简化通关，并利用数字技术促进贸易便利化。

（h）包容性：少数群体也应当参与并受益于国际贸易与投资。

（i）技术援助和经济合作：通过现有援助平台，促进与贸易有关的能力建设。

B. 供应链支柱。这一支柱主要涉及如下内容：

（a）为关键部门和产品制定标准：制定标准，以便识别出对国家安全、公民健康、经济韧性等有重要影响的关键部门和关键产品。

（b）增强关键部门和产品的韧性：通过强化识别能力、加强技术和基础设施等的投资、促进多元化、发展循环经济等，增强供应链韧性。

（c）建立信息共享和危机应对机制：建立政府间供应链协调机制，通过技术手段保证数据安全共享。

（d）加强供应链物流：搜集利用物流数据并确保安全使用，加强基础设施和技术投资；法律和制度上对物流进行协调。

（e）劳动力培训：培训熟练工人，保障劳工权利，防止劳动力短缺进而引起供应链问题。

（f）提高供应链透明度：通过技术手段以及和私营部门合作等，共同提升供应链透明度。

C. 清洁能源支柱。这一支柱主要涉及以下内容：

（a）能源安全与转型：推广新能源技术、扩大新能源产能，通过增强政策支持、激励手段以及基础设施投资，减少对化石能源的依赖。

（b）温室气体减排：通过推行支持政策，扩大低排放和零排放的产品、服务以及燃料的规模。

（c）土地、水资源和海洋的可持续性：通过制定相关政策并加强合作，促进土地、水资源和海洋的可持续利用。

D. 公平经济支柱，这一支柱主要涉及以下内容：

（a）反腐败：合作打击跨国腐败，并通过国内法规制度建设促进国内反腐败。

（b）税收：通过技术手段、制度建设、加强合作以及促进公民参与等，促进国际和国内税收管理，减少税基侵蚀，并积极应对数字化的挑战。

（3）智库评论

A. 对IPEF的整体评论

（a）IPEF成员国的体量不容小觑

英国海外发展研究院发布的《东南亚将如何从印太经济框架中受益？》的报告①指出，IPEF成员国占全球GDP、贸易以及人口的份额均已经超过了RCEP和CPTPP（如图1-2-20所示），其全球影响力不容忽视。

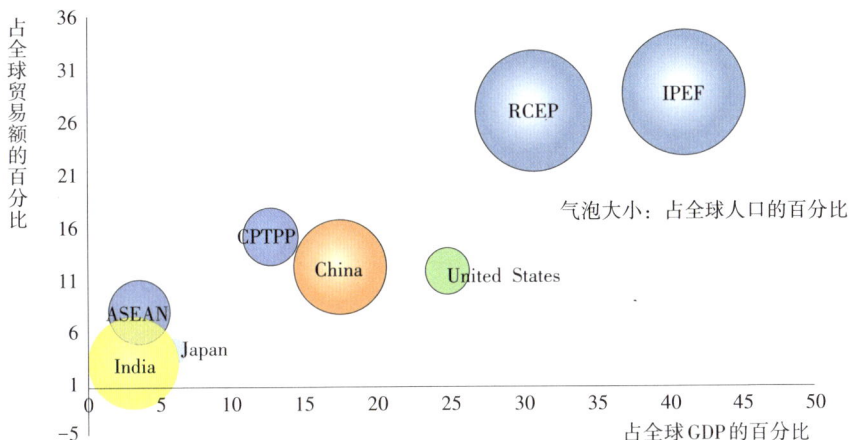

图1-2-20　IPEF成员国体量及其与RCEP和CPTPP等的对比

资料来源：https://odi.org/en/insights/how-southeast-asia-will-benefit-from-the-indo-pacific-economic-framework/.

① https://odi.org/en/insights/how-southeast-asia-will-benefit-from-the-indo-pacific-economic-framework/.

（b）IPEF看似是经济倡议，实则蕴含明显的战略意图

华盛顿战略与国际研究中心发布的《印度-太平洋经济框架的区域视角》报告[1]中指出，美国政府一方面对外宣称印太经济框架旨在成为促进共同经济利益的积极伙伴关系，另一方面，却又对国内利益相关者描述称IPEF是一项能让美国在该地区更好地与中国竞争的倡议。因此不少地区合作伙伴表示担心，认为IPEF会成为美国遏制中国的重要地缘政治工具。

（c）IPEF把重心放在拉拢小圈子上，相关经济条款先天不足

国家全球战略智库研究员任琳指出[2]跟以往的经贸协议不同，印太经济框架更关心能否把更多的亚太国家拉入所谓的排华小圈子，而不是真正地借由经济框架达到降关税、减监管，向相关国家开放自由市场的目的。因此，美国一改过去高标准严要求的风格，一再降低框架的准入门槛，相关国家只需加入四大支柱之一的讨论，就可成为创始成员国。

（d）IPEF长期可持续性存疑

由于IPEF采取行政协议的形式，总统可以通过行政命令绕过国会签署生效，因此，IPEF受美国内政影响极大。美国国内政治局势动荡且贸易保护主义抬头让印太国家担忧IPEF会重蹈跨太平洋伙伴关系协定覆辙，很快被下一任美国总统抛弃。同时区域合作伙伴的国内政治也会使IPEF的前景变得复杂。未来两年，菲律宾、澳大利亚、印度、马来西亚、孟加拉国等都将面临新一轮选举，印太国家的政治局势可能发生变化。

（e）IPEF应进一步包含具有约束力的市场准入承诺，以及更有意义的激励措施，但美国在这方面的政策空间有限

格林伯格地缘经济研究中心在《拆开IPEF的包装：拜登的第一次大型贸易游戏》[3]一文中评价，IPEF不像传统的贸易协议，它缺少市场准入这一关键要素，如果再没有更实质性的贸易组成部分，美国将很可能错失深化与亚洲太平洋地区经济联系的机会。

---

[1] https：//www.csis.org/analysis/regional-perspectives-indo-pacific-economic-framework.

[2] https：//mp.weixin.qq.com/s/zHnQtRK4gyzze0fSafJeHw.

[3] https：//www.cfr.org/article/unpacking-ipef-bidens-first-big-trade-play.

但美国信息技术与创新基金会创始人分析称[1]，美国在市场准入承诺方面的政策空间有限：首先，美国市场对IPEF成员国出口的开放程度已经远远超过这些成员国对美国出口的开放程度。整体来看，IPEF国家对美国进口产品的有效关税税率比美国对其出口产品的关税税率高47%。其次，在先进工业产出方面，例如生物制药、电子设备以及IT和信息服务等领域，IPEF国家目前作为一个整体比美国更强大。2018年先进产业占美国经济份额仅为7.86%，比全球8.34%的平均水平还低。相比之下，这些先进产业占韩国GDP的份额是全球平均水平的两倍多，日本高出平均水平43%，印度高出13%，泰国高出7%。总体而言，IPEF国家先进产业的集中度比美国高29%。鉴于它们的实力，应当是这些国家向美国开放不对称的市场，而不是相反。最后，美国国内制造业竞争力不断恶化，美国已经无法再提供不对称的市场准入来吸引其他国家。

（f）IPEF四大支柱谈判的难易程度不同，早期收获的可能性不大

针对IPEF谈判的可能进展，CSIS研究员表示[2]：美国最初的目标是在2023年11月主办亚太经合组织领导人会议之前的18个月内完成IPEF谈判，鉴于目前的谈判步伐，这一时间表很可能面临巨大挑战。谈判是否会产生任何"早期收获"（比其他协议更早达成的具体协议）仍然是一个不确定的问题。拜登政府表示，早期收获的可能性不大，尤其是在贸易方面。

中国现代国际关系研究院研究员傅梦孜表示，IPEF成员国发展水平等不尽相同，接受统一标准的难度很大。比如在公平贸易领域，发达成员国更强调公平贸易，发展中成员国则强调自由贸易；又如在劳工、环保、数据传输、电子商务等领域，印度、越南等新兴经济体很难对接发达成员的标准。

中国社会科学院亚太与全球战略研究院研究员许利平[3]指出，在IPEF四大支柱中，公平贸易、税收和反腐这两大支柱比其他两大支柱更有难度，因为IPEF把关税减让议题排除在外，税收和反腐则涉及标准界定和规则约束。

---

① https://foreignpolicy.com/2022/07/01/biden-ipef-indo-pacific-trade-economics-china/?gclid=EAIaIQobChMI1trFwtee-wIVkxqtBh0YcgPUEAAYASAAEgKCJPD_BwE.

② https://www.csis.org/analysis/ipef-comes-focus-la-ministerial.

③ https://export.shobserver.com/baijiahao/html/525901.html.

（g）IPEF可能成为改善韩日关系的重要契机

韩国国家安保战略研究院相关专家[1]分析表示，此次IPEF的出台可能会成为改善韩日关系的重要契机。韩日之间开放地区性供应链合作模式不仅为日本解除对韩出口限制提供了正当的理由，还可以从半导体材料和装备、能源、东南亚开发、气候变化、朝核问题、网络安全等方面促进日本与韩国形成战略伙伴关系。另外，韩日经济安全合作框架的加强有可能趋向杠杆化，同时减少中国对韩国采取负面措施的可能性。

B. IPEF涉及数字贸易部分的评论

（a）数字经济应成为IPEF的前沿和中心

美国"颠覆性竞争项目"的《数字经济应成为印太经济框架的前沿和中心报告》统计，2020年仅亚太地区就占美国ITC服务出口的30.4%，地区ITC服务市场规模高达1447亿美元。随着印太数字市场扩大，预计2023年地区互联网用户数量达到31亿。为此，数字经济应成为印太经济框架的前沿和中心，美国应当在数字贸易领域力争取得成果。[2]

（b）IPEF中数字贸易协定具有很大挑战性

美国企业研究所在《印度-太平洋数字贸易协定的紧迫性和挑战》[3]中强调数字贸易协定是IPEF的核心。然而，就目前IPEF的进展来看，它还是只是承诺，没有具体的结果。从一开始，政府内外就美国主导的区域数字协议的目标和实际内容就存在分歧。民主党的进步派（民选官员和利益集团）将数字贸易协定视为促进大型科技公司利益的手段。对劳工更友好的派别，认为数字协议应推进"以工人为中心"的贸易政策的目标，并在劳工权利、包容性和公平授权、对中小型企业的特殊激励措施、贸易调整援助和强大的隐私保护，以及其他社会改革上有所进展。正因如此，有研究人员[4]认为IPEF的早期收获不太可

---

[1] https：//mp.weixin.qq.com/s/aOxQzq7VH6Mw3THnCAX0Yw.

[2] http：//www.cicir.ac.cn/NEW/opinion.html?id=d68c85df-9e98-47dc-8ad4-8.

[3] https：//www.aei.org/technology-and-innovation/the-urgency-and-challenges-of-an-indo-pacific-digital-trade-agreement-part-ii/.

[4] https：//www.aei.org/technology-and-innovation/will-far-left-resistance-thwart-bidens-indo-pacific-digital-trade-agenda/.

能包括数字贸易政策的明确进展。拜登政府能否最终战胜民主党联盟内部的反对派，仍然是一个悬而未决的问题。

（c）建议将数字谈判作为独立的支柱

IPEF成员国在数字贸易领域存在较大差异，不利于贸易支柱谈判的推进，建议将数字谈判作为独立的支柱。日、韩、澳、新西兰、新加坡符合美方高标准可能性大，但鉴于其他东南亚国家数字经济发展水平各异，或难以达标。CSIS东南亚项目研究员安德烈卡和格雷戈里在《东南亚印太经济框架与数字贸易》[1]一文中通过分析比较东南亚六个最大的经济体越南、印度尼西亚、新加坡、马来西亚、泰国和菲律宾数字贸易的发展情况，指出东南亚各成员国家处于数字化发展的不同阶段，对数据治理模型和其他关键标准的立场不同。这种差异将不利于IPEF中单一数字贸易标准化管理。因此，建议将数字谈判从其他贸易问题中分离出来作为一个独立的支柱，以确保达成高标准的区域数字经济协议。同时，还可以开展特定于数字的基础设施、能力建设、投资激励和网络安全培训。

（d）印度发展数字经济收益明显，但其参与IPEF数字贸易谈判的阻力较大

印度观察研究基金会发布的《IPEF与印度的数字贸易困境》[2]一文通过分析印度目前数字贸易的发展情况，指出数字技术是贸易的重要推动力。有研究表明，互联网带宽增加1%将为印度带来6.9671亿美元的商品贸易。但由于印度没有加入优惠的贸易网络协议以及相关领域的稳定监管框架，这就意味着其参与数字贸易的成本会上升。正是印度数字贸易政策的不确定性，使其正在失去发展和连接数字价值链的机会。

C．对IPEF涉及供应链部分的评论

（a）IPEF弹性供应链体系可以有效应对供应链风险的冲击

日本国际事务研究所发布的报告《通过IPEF建立弹性供应链的可能性和挑战》[3]中指出，受中美战略竞争加剧、新冠疫情的暴发以及俄罗斯入侵乌克兰

---

[1] https：//www.csis.org/analysis/indo-pacific-economic-framework-and-digital-trade-southeast-asia.

[2] https：//www.orfonline.org/expert-speak/ipef-and-indias-digital-trade-dilemma/.

[3] https：//www.wita.org/blogs/resilient-supply-chains-ipef/.

等事件冲击，全球半导体、医疗用品、能源和食品等关键商品出现短缺和价格飙升，全球供应链的可信度受到严重破坏。这就迫使政府认识到在关键商品上过度依赖特定国家的风险，积极寻求多样化产品供应。IPEF的弹性供应链机制能够减少对特定国家的经济依赖，强化关键商品供应链。最终，IPEF的投资和技术援助计划可能会提高该地区供应关键商品的能力，使供应商多样化或开发替代材料。此外，报告还指出在一些关键产品供应上完全摆脱中国可能需要相当长的时间，并且试图通过IPEF激进地遏制中国是不合理的。

（b）IPEF成员国与中国贸易关系紧密，短期内对华实现供应链脱钩的难度较大，但相关风险仍需防范

中国人民大学国家发展与战略研究院发布《印太经济框架：美国思维的变与不变》的报告[1]，报告指出，IPEF的所有成员国在贸易上均高度依赖中国，虽然部分成员对美出口依赖程度高于对华出口依赖程度，但是其进口对华依赖程度普遍更高（如表1-2-11所示）。这说明IPEF成员的贸易产业链与中国互补性较强，IPEF在短时间内实现供应链"对华脱钩"的可能性不大。

中国国际经济交流中心战略研究部研究员张茉楠也表示[2]，IPEF成员对中国市场依赖高于美国。从2021年贸易情况看，12个IPEF成员中（去除美国和斐济），澳、文、印度尼西亚、日、韩、菲、新加坡、新西兰对华市场依赖高于美国，只有四国对美国市场依赖大于中国。因此，地区国家出于自身经济利益考虑，会谨慎权衡参与IPEF的菜单和具体内容，对华经贸脱钩、选边站队，不会是地区多数国家选项。中国仍有很大回旋空间和缓冲余地应对美国步步紧逼。与此同时，盘古智库学术委员、上海社会科学院国际问题研究员胡志勇表示[3]，在IPEF框架下，美国积极推动与中国供应链脱钩基础上的排他性合作，降低各国对中国的依赖。该体系一旦建成，将冲击中国在全球关键矿产品产业链的布局，影响中国所需的关键矿产品的有效供应。

---

[1] http：//ier.ruc.edu.cn/docs/2022-07/38f4e13ac05a4ea8ab86750b3f87e9b1.pdf.

[2] https：//baijiahao.baidu.com/s?id=1733074502341594275&wfr=spider&for=pc.

[3] https：//finance.ifeng.com/c/8K0Cus6V9vE.

表1-2-11　IPEF成员国2020年对中美进出口贸易的依赖程度对比

IPEF成员	出口依赖度		进口依赖度	
	对中国	对美国	对中国	对美国
澳大利亚	42.95%	6.16%	29.17%	12.02%
日本	22.07%	18.69%	25.99%	11.31%
韩国	25.86%	14.51%	23.29%	12.36%
新西兰	28.41%	10.52%	22.69%	9.77%
印度尼西亚	19.48%	11.43%	28.06%	6.12%
马来西亚	16.20%	11.11%	21.33%	8.73%
新加坡	14.37%	11.35%	14.44%	10.72%
文莱	17.69%	1.15%	10.81%	5.55%
泰国	12.86%	14.87%	24.00%	7.29%
菲律宾	15.07%	15.37%	23.15%	7.79%
印度	6.90%	17.91%	15.96%	7.24%
斐济	3.77%	22.60%	16.40%	3.71%
越南	17.54%	27.67%	32.48%	5.31%

资料来源：http://ier.ruc.edu.cn/docs/2022-07/38f4e13ac05a4ea8ab86750b3f87e9b1.pdf。

（c）韩国应为面临美中技术紧张局势做好准备

彼得森国际经济研究所在发布的报告[1]中指出，韩国应为面临美中技术紧张局势做好准备。由美国主导的印太经济繁荣框架的既定目标是制定加强和提升区域贸易和投资流动的标准，但它显然旨在降低中国在全球供应链中的作用。由于近20年来中国一直是韩国最大的贸易伙伴，并且经过出口增加值分解可以发现，中国出口到美国的最终产品，有相当一部分使用到了韩国的中间产品（在2021年，这些中间产品的价值高达116亿美元），美国不鼓励中国参与

---

[1] https://www.piie.com/publications/policy-briefs/south-korea-should-prepare-its-exposure-us-china-technology-tensions.

供应链的政策对韩国将产生直接的不利影响。对此，韩国政府应寻求更好地了解其在美中贸易紧张局势中的风险，并使其贸易关系多样化。韩国公司应该开始为供应链中断做准备，并增加在国内的投资。

（4）各方反应

A. 美国

（a）美国产业界和其他群体对于 IPEF 是否开放市场准入意见不一

美国外交政策杂志 2022 年 7 月初发文指出，美国产业界几乎一致谴责 IPEF 缺乏市场准入和降低关税条款，因为没有这些，该框架"不太可能对美国与其他 13 个成员国之间的贸易流动产生影响"。然而，美国劳工团体、大部分民主党人以及部分共和党人则反对关税减让等措施，认为这将削弱美国国内的就业和制造业。

（b）美国国内对于数字贸易协定存在分歧

拜登政府试图在印太经济框架下制定人工智能和 5G（英文全称 5th generation mobile networks，简称 5G）等新兴技术方面的规则和标准。美国商会等商业团体也希望在这一框架中加入强有力的数字贸易条款，借此强化美国在新兴技术领域的领导地位。但一些进步派民主党人认为印太经济框架会成为一种"后门"计划，实际上会增强科技大企业的影响力。他们担心，印太经济框架在不经国会批准的情况下，向数字贸易等领域引入损害美国工人和消费者权益的规则，这会造成放松对科技企业的监管，侵犯美国民众的隐私权。

B. 加拿大

加拿大外长 2022 年 10 月 27 日表示，加拿大将寻求加入以美国为首的印太经济框架。加拿大外长梅兰妮·乔利周四在渥太华与美国国务卿安东尼·布林肯会晤后表示，加拿大将寻求加入印太经济框架，以进一步促进该地区的经济合作。布林肯赞扬了加拿大的声明。他表示，在未来几个月里，美国将"与其他成员密切磋商，制定一个考虑纳入新成员的程序"。加拿大商业理事会总裁兼首席执行官戈尔迪·海德对加拿大的声明表示欢迎，他表示加入印太经济框架将提高加拿大在印太地区的可信度，并加强加拿大与美国的经济联系。

C. 日本、韩国、澳大利亚

（a）日本

尽管IPEF的前景仍不明朗，但日本政府再次急切地充当了美国的马前卒。2022年5月23日，印太经济框架首脑级会议在东京启动，日本外务省发布会议议程①，岸田文雄首相对IPEF的启动表示欢迎，称这是美国对印太地区承诺的有力体现，并表示日本将参与IPEF，并与包括美国和东盟国家在内的伙伴国一道，实现该地区可持续和包容性的经济增长。同时，还表示日本将继续敦促美国重返TPP。2022年9月10日，日本外务省发布关于经济产业大臣西村康稔和外务大臣山田贤治出席在洛杉矶举行的IPEF部长级会议的概况。其中提到山田国务大臣还分别与IPEF全体成员举行了非正式会谈，讨论了印太地区的各种挑战。据2022年9月9日美国贸易代表办公室发布的消息称，IPEF部长级会议结束后，美国贸易代表戴琪会见了日本经济、贸易和工业大臣西村康稔②，他们对部长级会议的成功成果表示欢迎，并讨论了进一步促进谈判顺利进行的方法。其间双方有谈到有关日本对燃料电池汽车的特殊消费者激励措施。

有专家分析称③日本政府对IPEF做出如此积极的表态，主要原因是日本寻求更多的安全保证，以换取参与经济框架，以引入更多的美国努力来制衡中国在该地区的发展。除了安全问题，这一举动背后的其他原因包括寻求美国对日本成为联合国安理会常任理事国的支持，以及促进日本与美国其他盟友之间的经济合作。

与日本政府的态度形成反差，日本产业界对于IPEF反应较为冷淡。"我们看不到东南亚新兴经济体加入IPEF的好处"，一位日本国贸企业的主管对日本《每日新闻》说，"IPEF没有关税削减，也没有（提供更好的）机会让日本企业进入美国市场"。

---

① https：//www.mofa.go.jp/na/na2/us/page3e_001202.html.

② https：//ustr.gov/about-us/policy-offices/press-office/press-releases/2022/september/readout-ambassador-katherine-tais-meeting-japans-minister-economy-trade-and-industry-nishimura.

③ https：//mp.weixin.qq.com/s/xf_4F5azf2-pbFWvVh58dQ.

（b）韩国

美国在提出 IPEF 构想初期，在劳动和环境等领域将矛头直接瞄准中国的内容引起韩方的顾虑，在韩方提出交涉后，相关具体内容虽最终未能包括在 IPEF 的文案中，但不排除再次提出的可能性，韩国将继续就此进行协商。韩国外交部长官朴振日前在会见记者时重申，加入 IPEF 绝无将中国排除在外之意，而是打造中国也可公平竞争的框架。2022 年 5 月 23 日，韩国外长朴振在介绍韩美首脑会谈成果①时，提到韩国决定作为 IPEF 创始成员国参与并牵头讨论建立开放、透明和包容的区域经济秩序和规范形成。韩国国内保守势力一直渴望加强与美国的同盟，但对于国内大型制造商而言或将面临与中国"断链"的风险。具体地，在存储半导体、生物、电动汽车电池等领域，与美国及其他 IPEF 成员国的供应链合作可能会加强韩国在这些产业中的独特地位，但美国不鼓励中国参与供应链的政策对韩国制造商将产生直接的不利影响。韩国于 2022 年 12 月 28 日发布了韩版"印太战略"，并指出中国是印太地区实现繁荣、和平的重要合作伙伴而非竞争对手，这也反映出韩国从自身利益出发并不希望在中美两国之间选边站。

（c）澳大利亚

澳大利亚作为印太地区大国，对于参加印太经济框架持积极态度。2022 年 3 月 30 日，美国商务部部长吉娜·雷蒙多与澳大利亚外交和贸易部韩·丹德汉议员在华盛顿特区举行了首届澳美战略商业对话②。就印太经济框架，双方表示澳大利亚和美国将与其他伙伴合作，确保 IPEF 为印度—太平洋地区带来切实利益，特别是在数字经济和气候变化等共同优先领域。2022 年 9 月 8 日，澳大利亚官方发布③贸易和旅游部部长法瑞尔参议员将访问美国参加印太经济框架部长级会议。报道称，通过 IPEF 澳大利亚将有潜力吸引更多投资，应对气候变化和供应链中断带来的重大挑战，同时为澳大利亚企业和工人寻找新的机会。

---

① https：//www.mofa.go.kr/www/brd/m_4076/view.do?seq=369192.

② https：//www.trademinister.gov.au/minister/dan-tehan/media-release/joint-statement-inaugural-australia-us-strategic-commercial-dialogue-ausscd.

③ https：//www.trademinister.gov.au/minister/don-farrell/media-release/visit-united-states-indo-pacific-economic-framework-ministerial-meeting.

IPEF将补充现有的区域经济架构，以澳大利亚广泛的区域和自由贸易协定网络为基础，并支持基于规则的全球贸易体系。

D. 南亚以及东南亚国家

对于IPEF部分议题的高要求，与发达国家更多看到机会不同，发展中国家更倾向于将其视为负担性的要求。例如数字贸易和跨境数据流动相关条款、清洁能源使用相关条款、以反腐败和反避税条款等等，除新加坡外，这些条款与南亚以及东南亚的发展中国家的国内法律以及经济现状明显不符，这些条款显著提高了这些发展中国家参与印太经济框架的制度成本和经济成本。因此，总体而言，南亚以及东南亚国家对于印太经济框架的态度更为审慎。

（a）印度

印度考虑到印太经济框架中的贸易支柱对于数字贸易、劳工、环境等问题上的条款对于自身政策的限制，并且该支柱并不包含市场准入和关税削减条款，在2022年9月10日退出了印太经济框架贸易支柱的谈判。从数字贸易看，印度目前主要奉行数据本地化政策，而印太经济框架推动数据跨境流动与印度主张并不相符，另外印度也担心推行数据跨境流动会强化美国科技公司的竞争力并冲击印度的相关产业；从劳动和环境问题看，印度目前仍处于粗放发展的阶段，国内劳工和环境问题突出，印度担心将贸易与劳工和环境标准联系起来会增加印度的贸易壁垒，并且劳工和环境问题涉及国内法律的调整，印度如果加入贸易支柱将不得不修改国内法律以与印太经济框架保持一致。考虑到义务和收益不对等，印度退出贸易支柱在情理之中。

（b）东盟国家

印太经济框架的成员国——文莱、印度尼西亚、马来西亚、菲律宾、新加坡、泰国、越南均属于东盟，总数占到了印太经济框架成员国的一半，因此这些国家的态度将对印太经济框架的下一步走向产生重要影响。东盟国家对美国印太经济框架主要有以下两种不同态度：

第一种，以新加坡和越南为代表，出于经济和战略因素考量，对印太经济框架持积极的态度。从新加坡来看，其对印太经济框架的支持态度主要有以下考量：第一，新加坡自身是数字贸易大国，围绕CPTPP、DEPA以及新加坡和澳大利亚、韩国、英国等签署的双边数字经济协议，新加坡已经构建起了以自身为中心的数字经济协定网络，一定意义上成为全球数字经济和数字贸易的枢纽，而印太经济框架中的贸易支柱明确强调了数字贸易、数据跨境流动，新加坡自身加入印太经济框架并鼓励其他国家加入，显然有利于进一步巩固新加坡在数字经济和数字贸易方面的影响力，提升新加坡的经济活力；第二，新加坡是全球航运大国，航运业发展对于新加坡经济发展至关重要，而印太经济框架的供应链支柱专门提到了物流问题（也具体提到了海运问题），对这一议题进行参与，对于新加坡而言同样意味着巨大的经济机会。从越南来看，其对印太经济框架的支持态度主要有以下考量：第一，越南经济近年来明显受益于各类自贸协定，尤其是越南-欧盟自贸协定以及CPTPP这两大自由贸易协定，显著扩大了越南的贸易机会，并帮助越南吸引了全世界各地的投资，提高了越南在全球供应链中的地位，有利于越南当下和未来长期的经济增长，而印太经济框架中的贸易支柱和供应链支柱对于贸易和供应链问题进行了专门强调，这顺应了越南的经济发展需求；第二，印太经济框架迎合了越南成为东南亚大国的心态，越南有意借助印太经济框架，提升自身的区域影响力，并借助美国的力量减少对中国的依赖。

第二种，以印度尼西亚为代表，同样出于经济和战略因素考虑，对印太经济框架持谨慎和疑虑态度。从经济上看，由于印太经济框架不涉及市场准入的内容，也根本没有提到关税减免，以印度尼西亚为代表的部分东盟国家看不到印太经济框架有什么实质性好处。正如印度尼西亚工商会主席阿尔贾德·拉斯吉德所言，现阶段很难对IPEF做出承诺，因为它缺乏透明度，他希望看到美国市场准入的内容出现在条款中。这在一定程度上反映出东盟产业界对于IPEF并不十分看好。从战略因素上看，以印度尼西亚为代表的部分东盟国家担心自身成为美国打压中国的战略牺牲品，例如印度尼西亚贸易部长卢特菲就表示："印太经济框架唯有对所有地区国家保持开放性与包容性，才能带来长期的积极影响，我们不希望将其仅仅视为遏制其他国家的工具。"此外，以印度尼西亚为代表的部分东盟国家也担心印太经济框架所强调的数字贸易和跨境数据流动会引发数据安全问题，以印度尼西亚为例，在数字治理政策方面，印度尼西亚对数字贸易一体化持怀疑态度，在寻求双边或多边合作协议方面进展缓慢，并且推行了限制跨境数据流动以及数字本地化的措施。印度尼西亚在该领域所持的保护主义，以及印度尼西亚政府宣称的对消费者保护和隐私的关注，促使印尼倾向于采用欧盟通用数据保护条例（General Data Protection Regulation，GDPR）框架下的数字标准，而非美式标准①。

（三）WTO和FTA谈判动态指数分析

1. WTO谈判活跃度分析：谈判活跃度反弹

基于WTO官方发布的贸易谈判活动统计数据，我们构建了WTO贸易谈判活跃度指数，该指数以季度为周期，刻画了WTO自2003年以来贸易谈判活动的荣枯水平，相关结果见图1-3-1，该图反映出WTO贸易谈判活动呈现以下特征：

WTO在经历了接近十年的贸易谈判低迷期后，于2021年迎来了回暖时刻。如图1-3-1所示，从2003年到2021年，WTO的贸易谈判活动大致可以分为五个阶段：2003—2005年为高度活跃期，在这一阶段WTO主持开展的多边贸易谈判活动十分密集，虽然过程艰难，但最终达成了《多哈回合框架协议》，广大成员国对于多边贸易体制也具有较强信心；2006—2011年为相对活跃期，此时由于各方诉求难以达成一致，多哈回合谈判变得时断时续，并逐渐陷入僵局，WTO贸易谈判活跃度明显下行；2012—2017年为相对低迷期，该阶段WTO贸易谈判活跃度总体上进一步下降，但期间签署的《巴厘一揽子协定》《内罗毕一揽子协定》让国际社会对于WTO的作用仍抱希望；2018—2020年为深度低迷期，当时单边主义和贸易保护主义日益盛行，经济全球化和多边贸易体制均遭受了重大挫折，美国时任总统特朗普甚至威胁要退出WTO，WTO在国际经贸格局中扮演的角色面临边缘化；2021年开始，WTO的贸易谈判活动重新进入相对活跃期，在这段时间内，WTO在新一届总干事伊维拉的带领下，以第十二次部长级会议即将召开为契机，积极斡旋，推动成员国在渔业补贴规则、服务贸易国内规制、投资便利化、新冠疫苗知识产权豁免等方面取得重要进展，重新彰显了WTO的

① https://www.csis.org/analysis/indo-pacific-economic-framework-and-digital-trade-southeast-asia.

生命力，一定程度上重振了国际社会对于WTO的信心。

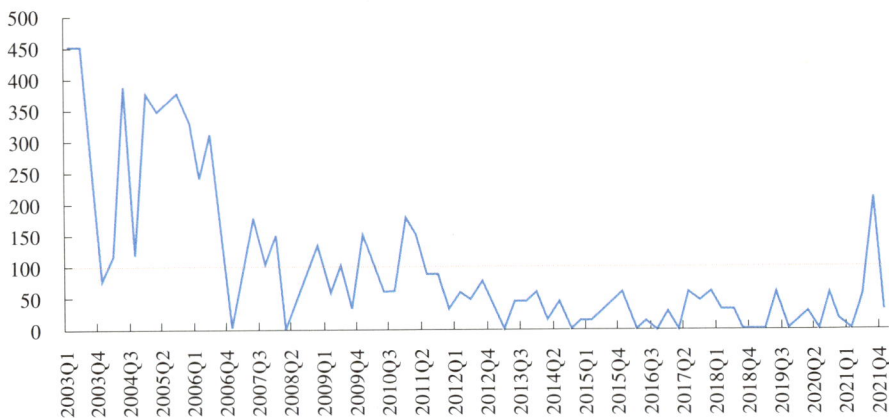

图1-3-1　2003—2021年WTO贸易谈判活跃度指数

资料来源：WTO。

注1：图中蓝线为WTO贸易谈判活跃度指数，红线为荣枯线，蓝线位于红线上方表示WTO贸易谈判活跃度高于历史平均水平，反之亦然。

注2：WTO贸易谈判活跃度指数的计算公式如下：

$$WTO贸易谈判活跃度 = \frac{neogtiation_{yq} \times 100}{\sum_{1}^{n} neogtiation_{yq}}$$

其中$neogtiation_{yq}$表示给定年份（由下标y表示）的给定季度（由下标q表示）WTO贸易谈判活动的数量；$\sum_{1}^{n} neogtiation_{yq}$表示对样本期内所有$neogtiation_{yq}$进行加总后取平均（上标$n$表示样本期内的季度数，每一个季度为一期）。

注3：受感恩节、圣诞节、元旦假期等的影响，平均而言WTO每年第四季度的贸易谈判活动数量较少，因此要判断每年第四季度WTO贸易谈判活跃与否，除了考虑指数本身的大小以外，也要适当考虑季节因素。以2021年第四季度为例，虽然其对应的指数相比于2021年第二和第三季度的指数明显要小，但由于不同季度之间本身可比性较差，我们在考察2021年第四季度WTO贸易谈判活跃与否时，应该以其他年份第四季度的情况作为参照。据此我们还可以得出更加一般化的结论：不同年份同一季度之间的指数大小更加具有可比性。

根据议题设置情况，2003—2021年，WTO的贸易谈判活动主要可以分为九类：如图1-3-2所示，第一大类是综合性贸易谈判，此类贸易谈判议题具有综合性，往往会同时讨论各种不同类型的多边贸易规则，约占WTO贸易谈判活动的五分之一，占比最高；第二大类是贸易便利化谈判，聚焦于贸易手续的简化、规则的协调以及基础设施的完善，占到WTO贸易谈判活动的17%；第三大类是与服务贸易有关的谈判，约占WTO贸易谈判活动的13%。其他贸易谈判类型包括贸易与发展谈判、争端解决谈判、市场准入谈判、贸易与环境谈判、知识产权谈判以及农业谈判等，合计约占WTO贸易谈判活动的一半。不难看出，WTO贸易谈判活动在议题设置上是相对集中的，约有80%的贸易谈判活动集中于某一特定议题，并且贸易便利化与服务贸易是其中最为核心的议题。

在不同的发展阶段，WTO贸易谈判活动的侧重点也有所不同：如图1-3-3所示，在2003—2005年，即WTO贸易谈判的高度活跃阶段，WTO贸易谈判的议题设置较为均匀，上文提到的九类贸易谈判活动占比相对接近，这主要反映

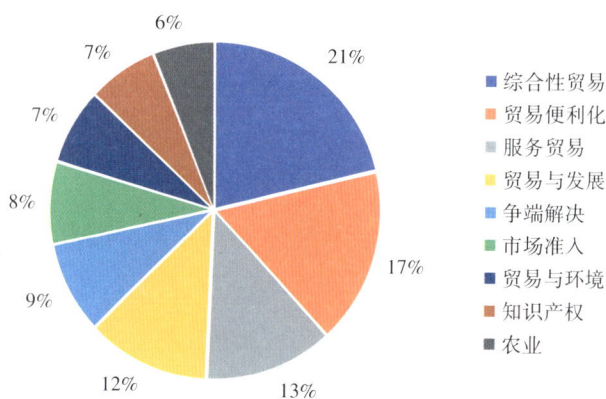

图1-3-2　2003—2021年WTO贸易谈判的主要类型及占比

资料来源：WTO。

注：受限于数据，暂未单独考虑电子商务等新议题。

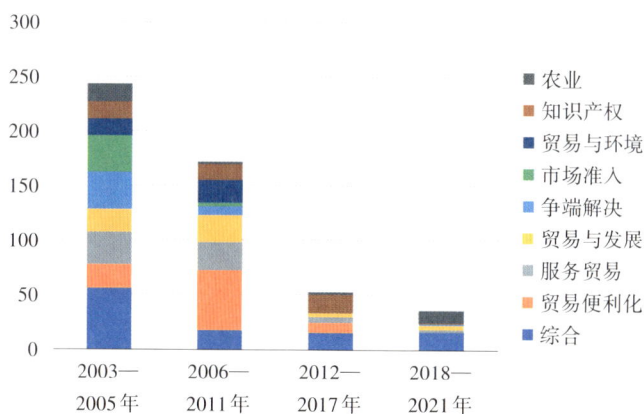

图1-3-3　2003—2021年不同阶段WTO贸易谈判活动的议程设置情况

资料来源：WTO。

注：纵轴表示WTO贸易谈判活动的数量，横轴对应WTO贸易谈判活动的发展阶段。

出当时 WTO 成员国对于参与各类多边贸易谈判都有着浓厚的兴趣；2006—2011 年是 WTO 贸易谈判的相对活跃阶段，这一阶段 WTO 贸易谈判的议程设置开始变得集中，最为核心的贸易谈判活动是贸易便利化谈判，其次是服务贸易以及贸易与发展谈判，而原先相对活跃的市场准入谈判、争端解决谈判、农业谈判等趋于停滞，这是因为在这一阶段 WTO 成员国在农业等部分议题上产生了严重分歧，只能优先考虑分歧较少的贸易便利化等议题；2012—2017 年 WTO 贸易谈判活动进入相对低迷阶段，议程设置变得进一步集中，贸易与环境、知识产权等议题的谈判活动大幅减少，贸易谈判活动主要包括综合类、贸易与发展类以及贸易便利化谈判，这些谈判最重要的标志性成果是 2017 年《贸易便利化协定》的生效；2018—2021 年是 WTO 贸易谈判活动从深度低迷转向回暖的阶段，该阶段的贸易谈判高度集中于综合类、农业类、贸易与发展以及服务类谈判，其他类型的贸易谈判活动占比很小，这样的议程设置一方面反映出 WTO 贸易谈判总体上的低迷以及 WTO 成员国在众多议题上的高度分歧，但另一方面也使得部分分歧较小的议题得以深入推进，这一阶段的贸易谈判活动最终促成了《渔业补贴协议》《服务贸易国内规制参考文件》等重要成果的达成。

根据不同国家或地区在参与 WTO 贸易谈判时贡献的谈判文件或提案数量，我们进一步识别了 2003—2021 年参与 WTO 贸易谈判活动最为活跃的国家或地区。由图 1-3-4 可知：

（1）2003—2021 年，美国、欧盟和日本在 WTO 贸易谈判活动中最为活跃，贡献的谈判文件或提案数量最多；从洲际对比看，参与 WTO 贸易谈判活动最为活跃的国家或地区主要来自欧洲、亚洲、南美洲、北美洲和大洋洲，非洲没有国家入围前 20 名榜单。

（2）2012 年以后，所有样本国家或地区的贸易谈判活跃度均出现了明显下降，从下降的比例看，排名相对靠前的发达国家或地区活跃度整体下降更多，排名靠后的发展中国家或地区活跃度整体下降更少，这在一定程度上说明发展中国家对于维护以 WTO 为中心的多边贸易体制的稳定做出了较大贡献。

为了进一步观测和对比主要国家和地区参与 WTO 贸易谈判活跃度的变化趋势，我们以这些国家和地区在 2003—2021 年参与 WTO 贸易谈判时贡献的谈

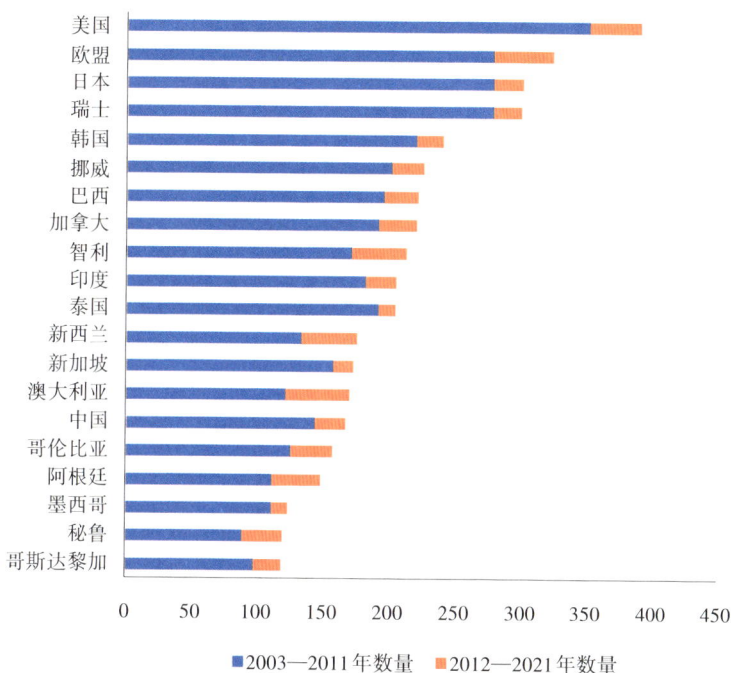

图 1-3-4　2003—2021年参与WTO贸易谈判活跃度最高的20个国家或组织

资料来源：WTO。

注：纵轴表示国家或组织（未包含中国香港和中国台湾），横轴对应特定国家或组织在参与WTO贸易谈判时贡献的谈判文件或提案数量。

判文件或提案数量为基础，进一步绘制了图1-3-5、图1-3-6和图1-3-7，其中图1-3-5对比了中国、美国和欧盟的情况；图1-3-6对比了中国、日本和韩国的情况；图1-3-7对比了中国、印度和巴西的情况。

根据图1-3-5，在WTO贸易谈判整体较为活跃的2003—2011年，美国和欧盟参与WTO贸易谈判的频繁程度远高于中国；在WTO贸易谈判整体较为低迷的2012—2020年，中国参与WTO贸易谈判的活跃程度与美欧之间仍有差距，但差距出现了十分显著的缩小；在WTO贸易谈判活跃度明显反弹的2021年，中美欧之间参与WTO贸易谈判的活跃程度基本持平。从整体趋势上看，2003—2021年，就参与WTO贸易谈判的活跃程度而言，中国与美欧等主要发达经济体之间的差距是逐渐缩小的，并且具有更大的稳定性，前者在一定程度上反映了中国在WTO贸易谈判活动中话语权的相对提升，后者则充分体现了中国相比于美欧能够更加坚定地维护以WTO为中心的多边贸易体制。

图1-3-5　2003—2021年中美欧参与WTO贸易谈判活跃度变化情况对比

资料来源：WTO。

注：横轴表示年份，纵轴表示给定年份、给定国家或组织在参与WTO贸易谈判时贡献的谈判文件或提案数量。

　　图1-3-6对比了中日韩这三个经贸往来密切的东亚国家参与WTO贸易谈判活跃度的变化情况。根据图1-3-6，在2006年之前，日韩两国参与WTO贸易谈判明显更为活跃，但从2007年开始，中国和日韩参与WTO贸易谈判的活跃度处于伯仲之间。这一变化趋势说明，2003—2021年期间，在参与WTO贸易谈判活动方面，中国相对于日韩等东亚邻国而言具有更大的稳定性。

图1-3-6　2003—2021年中日韩参与WTO贸易谈判活跃度变化情况对比

资料来源：WTO。

注：横轴表示年份，纵轴表示给定年份、给定国家或地区在参与WTO贸易谈判时贡献的谈判文件或提案数量。

　　图1-3-7进一步比较了同为金砖国家的中国、印度和巴西参与WTO贸易谈判活跃度的变化趋势。与图1-3-5、图1-3-6类似，在2006年之前，巴西和印

度参与WTO贸易谈判的活跃度高于中国，不过在这一时段内，中国与印度、巴西之间的差距明显要小于中国与美欧日韩之间的差距，这与中国、印度和巴西同为发展中国家，当时在WTO贸易谈判中话语权较低有关；2007—2016年，中国、印度和巴西参与WTO贸易谈判的活跃度基本持平；从2017年开始，中国参与WTO贸易谈判的活跃程度整体上实现了对巴西和印度的反超，不过在2021年，印度参与WTO贸易谈判的活跃程度要高于中国以及巴西，这一现象产生的主要原因是印度在渔业补贴谈判方面坚持强硬立场，要求设置更长的过渡期等，并且拒不妥协。从整体趋势看，2003—2021年期间，在参与WTO贸易谈判活动方面，中国相对于巴西和印度等发展中大国而言，同样具备更大的稳定性。

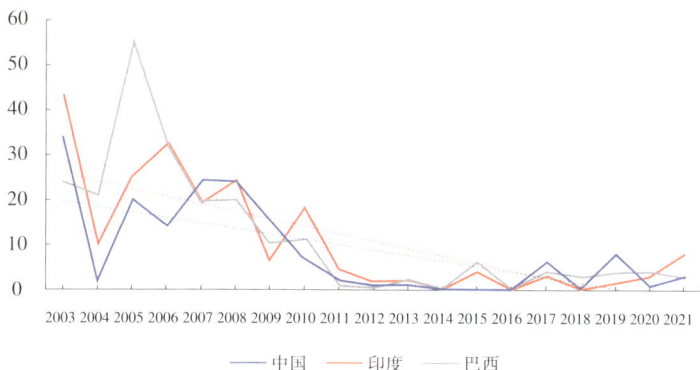

图1-3-7　2003—2021年中国、印度和巴西参与WTO贸易谈判活跃度变化情况对比
资料来源：WTO。
注：横轴表示年份，纵轴表示给定年份、给定国家或地区在参与WTO贸易谈判时贡献的谈判文件或提案数量。

综合图1-3-5、图1-3-6和图1-3-7的信息可知，在中国、美国、欧盟、日本、韩国、印度以及巴西这七个经济体当中，参与WTO贸易谈判活跃度变化幅度从高到低依次是：美国、日本、欧盟、韩国、巴西、印度和中国。这进一步表明，相比于世界上其他主要经济体，中国在维护以WTO为中心的多边贸易体制的稳定方面确实发挥了更为积极的建设性作用。

2. 区域贸易协定生效活跃度分析：疫情期FTA谈判遇冷

为了清晰、直观地展现FTA的活跃度信息，我们构建了FTA活跃度指数，即以成员经济体规模和FTA条款深度为权重，测算出以季度为基期的FTA活跃度指数，并进行了归一化处理，测算结果如图1-3-8所示，主要有以下特征。

整体看，FTA生效活跃度指数呈现波动上升的趋势。自1995年以来，全球生效的FTA数量持续增加，成员的经济规模不断提高，协定条款深度不断加深。2015—2020年是FTA生效活跃度的低谷期，此时期全球年均生效仅8个FTA，远低于11.5的前期年均生效数量。疫情期间，2021年第1季度FTA活跃度达到最高水平，但当年全球生效44个协定中含有英国生效的38个FTA，表明疫情期间全球范围的FTA谈判遇冷。

疫情期间FTA谈判遇冷，FTA活跃度低于历史平均水平

图1-3-8　1995—2022年FTA活跃度指数

数据来源：WTO Database、World Bank。

从全球各地区生效的协定数量看（图1-3-9），欧洲以159份生效协定位居第一，东亚和南美洲分别以101和71份生效协定位居第二、第三，上述三个地区占全球生效协定的份额高达53.7%。

从区域和国别活跃度看，欧盟以生效46份协定位居全球活跃度第一，欧盟成员不仅在内部成员之间互相生效了协定，还与北非、南非、中美洲地区的经济体生效了协定。

墨西哥以23个协定位居北美洲生效协定数量最多的国家，其协定缔约对象广泛地分布于北美洲、中美洲、南美洲、欧洲、北非、南亚、东亚以及大洋洲。

智利以31个协定位居南美洲生效协定数量最多的国家，其协定缔约对象分布于南北美洲、欧洲、北非、南亚、东亚以及大洋洲。智利于2005年底与中国

全球分地区生效协定数量

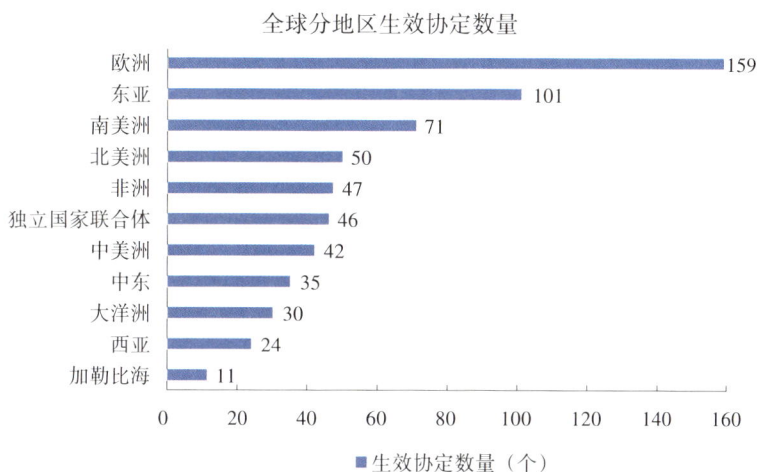

图1-3-9　全球分地区生效协定数量

资料来源：WTO RTA Database。

签署了货物贸易协定，于2008年签署服务贸易协定，并于2019年生效升级协定。

新加坡以27个协定位居亚洲生效协定数量最多的国家，其缔约协定对象分布于东亚、南亚、中东、北非、欧洲和美洲。新加坡于2008年与中国签署了自贸协定，并于2019年生效升级协定。

美国目前生效了14个协定，缔约对象分别是加拿大、墨西哥、巴拿马、哥伦比亚、韩国、阿曼、巴林、哥斯达黎加、多米尼加、萨尔瓦多、危地马拉、洪都拉斯、尼加拉瓜、摩洛哥、澳大利亚、新加坡、智利、约旦和以色列。

目前，中国生效了16份自贸协定，缔约对象分别为韩国、冰岛、秘鲁、新加坡、智利、巴基斯坦、东盟、中国香港、中国澳门、柬埔寨、马尔代夫、澳大利亚、瑞士、哥斯达黎加、新西兰、毛里求斯和格鲁吉亚。

二、主要的大型FTA经贸网络分析

（一）RCEP贸易与投资网络分析

从全球贸易视角来看，RCEP成员国出口额占据全球出口总额的32%，中国在RCEP域内贸易网络中处于中心地位（基于2020年出口额数据）。在RCEP成员中，中国以2.59万亿美元出口额高居榜首（排名第二、三的日、韩出口额

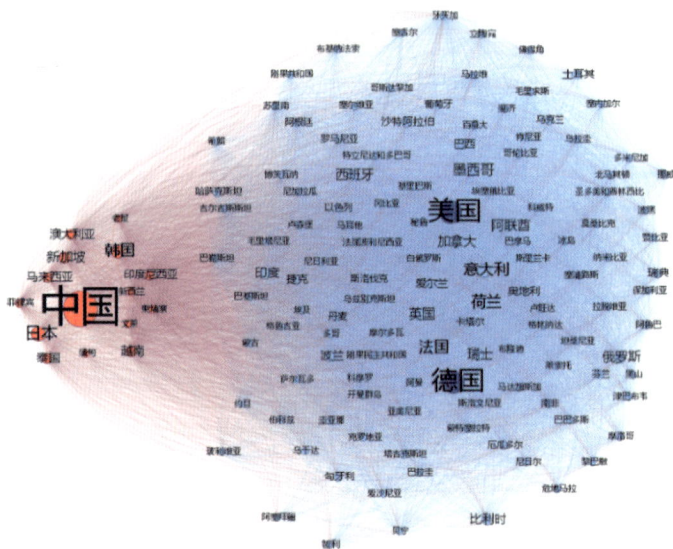

图2-1-1　2020年全球部分国家或地区贸易网络图

资料来源：UN Comtrade, https://comtrade.un.org/data/。

注：左侧为RCEP成员，右侧为非RCEP成员；标记点与文字越大则该国家或地区总出口额越大，连线越粗则该进出口关系的贸易额越大；圆弧顺时针方向为贸易方向。由于2021年数据缺失较多，本文选取2020年数据进行分析，下同。

分别为6413亿美元与5127亿美元）；在非RCEP成员中，美、德出口额平分秋色（美、德分别为1.43万亿美元与1.39万亿美元，排名第三的荷兰为5513亿美元）（图2-1-1）。

从区域内部贸易来看，中、日、韩三国间的贸易额占据RCEP域内贸易总额的28%，RCEP有望进一步挖掘中、日、韩之间的贸易潜力。其中中国对RCEP成员出口额为6983亿美元，占中国总出口额的27%、占RCEP内部总出口额的32%；日本、韩国对RCEP成员出口额分别为2924亿美元与2543亿美元。中、日、韩内部贸易额为5988亿美元，占RCEP域内贸易总额的28%（图2-1-2）。

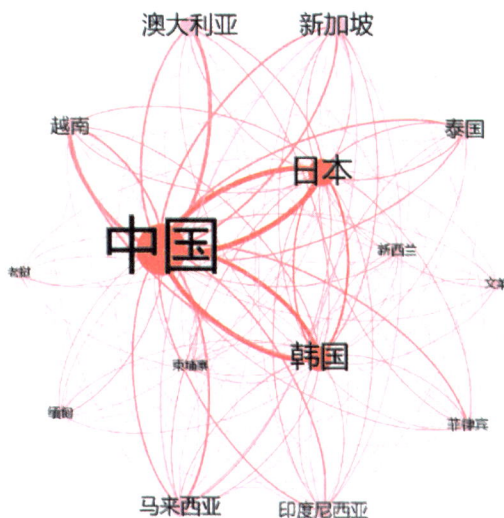

图2-1-2 2020年RCEP成员内部贸易网络图

资料来源：UN Comtrade，https：//comtrade.un.org/data/。

注：标记点与文字越大则该国家或地区总出口额越大，连线越粗则该进出口关系的贸易额越大；圆弧顺时针方向为贸易方向。

从贸易结构来看，RCEP成员国之间贸易优势高度互补，澳大利亚、日本、韩国是我国重要的上游原材料和零部件进口来源国（图2-1-3）。2020年，中国对RCEP成员国出口额占中国出口总额的27%，机电产品和纺织品是中国的主要出口优势产品。中国从RCEP成员国进口额约占中国进口总额的40%，其中，澳大利亚是中国最大的铁矿石进口来源国，矿产品在澳大利亚输华产品总额中占比高达85%。日本和韩国是我国机电行业上游零部件的主要供应国，机电产品在日、韩两国对华出口总额中占比高于50%。而新西兰则在农产品出口上具有较强的比较优势。

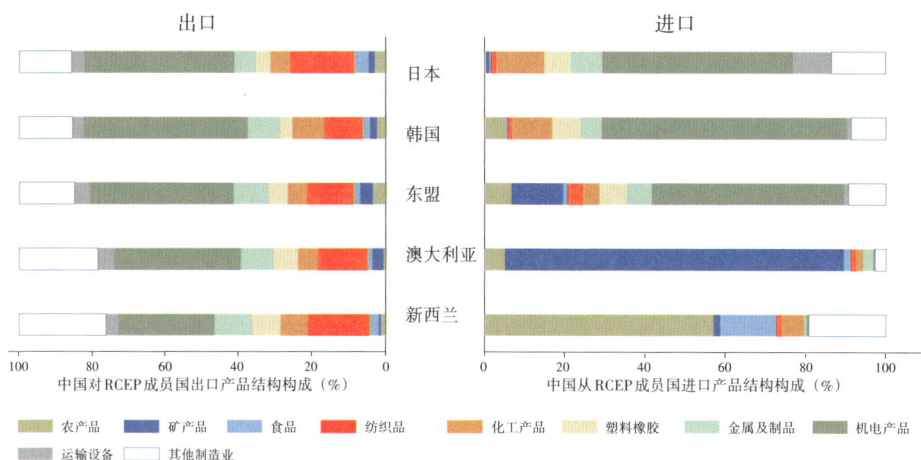

图2-1-3　2020年中国与RCEP成员国进出口贸易结构图

资料来源：WITS，https：//wits.worldbank.org/。

从出口依存度来看，除柬埔寨与越南外，RCEP成员国对中国的出口依存度均高于美国，体现了中国内需对于RCEP成员国的牵制力与影响力（图2-1-4）。2020年RCEP成员国中对中国出口依存度的前三名为越南（22.9%）、马来西亚（22.3%）、文莱（12.3%），对美国出口依存度的前三名为柬埔寨（26.6%）、越南（24.2%）、马来西亚（13.5%）。RCEP成员国中的越南、马来西亚同时对于中、美有较高的出口依存度，即中、美内需对越南、马来西亚均有较高的牵制力；此外，文莱对中国有较高的出口依存度，柬埔寨对美国有较高的出口依存度。

从进口依存度来看，RCEP成员国对中国的进口依存度显著高于美国，体现了RCEP成员国对中国产品的依赖以及"中国制造"的影响力。其中，RCEP成员国对华进口依存度最高的产品类别为机械及运输设备（图2-1-5）。2020年RCEP成员国中对中国进口依存度的前三名为越南（33.2%）、柬埔寨（31.1%）、马来西亚（16.7%），对美国进口依存度的前三名为新加坡（7.8%）、马来西亚（3.7%）、韩国（3.1%）。

RCEP成员对中国的出口依存度　　　　　　RCEP成员对美国的出口依存度

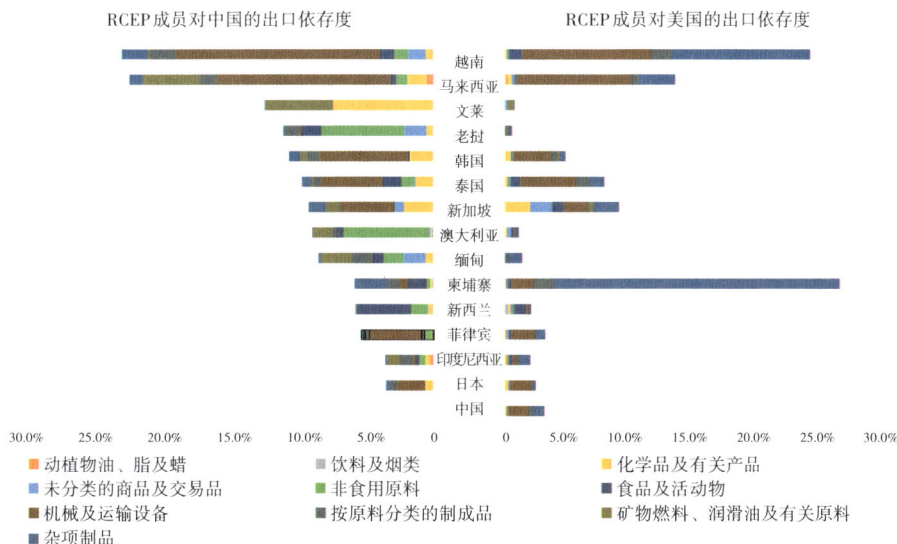

图2-1-4　2020年RCEP国家对中、美分类别的出口依存度

资料来源：WITS，https：//wits.worldbank.org/；世界银行，https：//databank.worldbank.org/source/world-development-indicators#。

注：分类方法取SITC Revison 4，Section（1-digit），共十个类别。

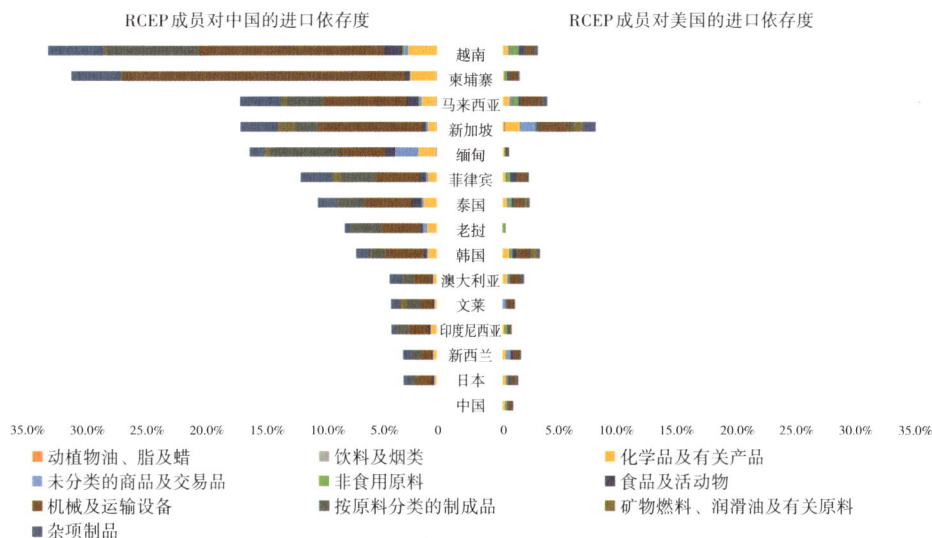

RCEP成员对中国的进口依存度　　　　　　RCEP成员对美国的进口依存度

图2-1-5　2020年RCEP国家对中、美分类别的进口依存度

资料来源：WITS，https：//wits.worldbank.org/；世界银行，https：//databank.worldbank.org/source/world-development-indicators#。

注：分类方法取SITC Revison 4，Section（1-digit），共十个类别。

从利用外资看，来自RCEP成员国的外商直接投资占中国利用外资的比重超过10%，新加坡、韩国、日本是中国的主要投资来源国。2020年RCEP成员国对华直接投资规模约为153亿美元，占据当年中国吸引外商直接投资总额（包含港澳台资）的10.6%，与贸易相比，投资占比仍然偏低。其中，新加坡是中国内地第二大外资来源地，2020年新加坡对华FDI在中国内地吸引外资流量中占比约为5.3%，仅次于中国香港地区（73.3%），略高于韩国（2.5%）和日本（2.3%）。这主要源于新加坡外向型的经济发展战略以及中新政府间不断加深的投资合作，同时新加坡优越的营商环境和税收优惠也使其成为部分境外投资回流中国的中转地。

从对外直接投资来看，中国对RCEP成员国的直接投资约占中国对外直接投资流量的12%，新加坡、印度尼西亚、泰国和越南是中国的主要投资目的国。2020年中国对RCEP成员国直接投资规模约为183亿美元，占据当年中国对外直接投资（包含对中国港澳台地区的投资）流量的11.9%。其中，中国对东盟十国的投资160.6亿美元，同比增长23.3%，占据中国对外直接投资流量的10.5%，新加坡、印度尼西亚、泰国和越南是中国的主要投资目的国。在中国-东盟自贸区合作、共建"一带一路"合作以及国际产业分工动态调整等因素共同推动下，中国已成为东盟第四大外资来源地，中国对东盟国家的直接投资为推动当地经济社会发展发挥了重要作用。

（二）CPTPP贸易与投资网络分析

从全球贸易视角来看，CPTPP成员国出口额占据全球出口总额的16%，中国是CPTPP最大的进口来源国，美国是CPTPP最大的出口目的国。CPTPP最大的出口目的国为美国（占比32.4%，1.09万亿美元），第二大出口目的国为中国（占比16.5%，5549亿美元）。CPTPP最大的进口来源国为中国（占比21.6%，6768亿美元），第二大进口来源国为美国（占比21.4%，6708亿美元）（图2-2-1）。

从区域内部贸易来看，日本、新加坡、马来西亚和澳大利亚为前四大出口国，新加坡与马来西亚的双边贸易额较高。其中，日本2021年在CPTPP内部的出口额为949亿美元，占CPTPP内部总出口额的20.4%；新加坡为947亿美元，占比 20.3%；马来西亚为 867 亿美元，占比 18.6%；澳大利亚为 584 亿美元，占 CPTPP 内部总出口额的 12.5%。CPTPP 内部最大的两条贸易流向为新加坡至马来西亚（421 亿美元）与马来西亚至新加坡（418 亿美元）。新加坡——马来西亚两国间的贸易额占据 CPTPP 域内贸易总额的 18%（图 2-2-2）。

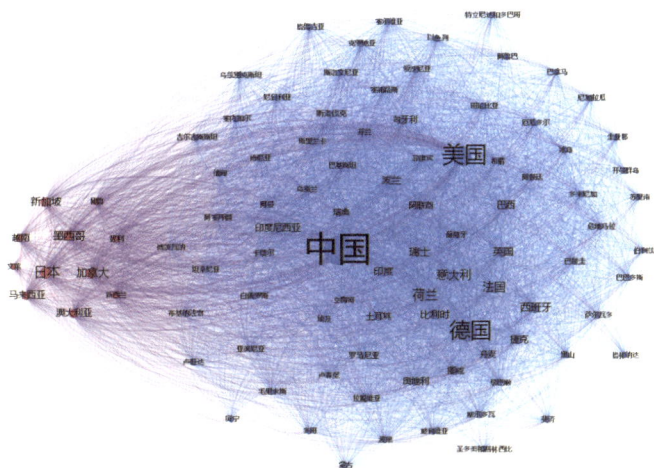

图 2-2-1　2021 年全球部分国家或地区贸易网络图

资料来源：UN Comtrade，https://comtrade.un.org/data/。

注：红色为 CPTPP 成员，蓝色为非 CPTPP 成员；标记点与文字越大则该国家或地区总出口额越大，连线越粗则该进出口关系的贸易额越大；圆弧顺时针方向为贸易方向。由于越南 2021 年数据缺失，越南在此处选取 2020 年数据进行分析，下同。

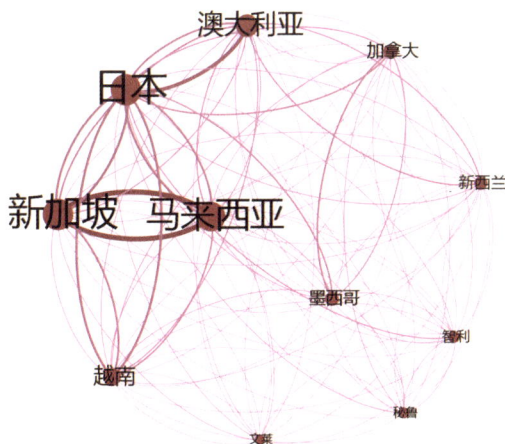

图 2-2-2　2021 年 CPTPP 成员内部贸易网络图

资料来源：UN Comtrade，https://comtrade.un.org/data/。

注：标记点与文字越大则该国家或地区总出口额越大，连线越粗、颜色越深则该进出口关系的贸易额越大；圆弧顺时针方向为贸易方向。

从出口依存度来看，除越南、加拿大和墨西哥外，CPTPP成员国对中国的出口依存度均高于其对美国的出口依存度，体现了中国内需对于CPTPP成员国的牵制力与影响力。其中，对中国出口依存度最高的国家为马来西亚（26.3%），对美国出口依存度最高的国家为墨西哥（30.0%）。从产品层面来看，CPTPP成员对中国、美国出口依存度最高的产品类别均为机械与运输设备（图2-2-3）。综上，CPTPP成员国对中国的出口依存度基本高于美国（除越南、加拿大和墨西哥），体现出目前中国对CPTPP成员国价值链循环的作用难以撼动。

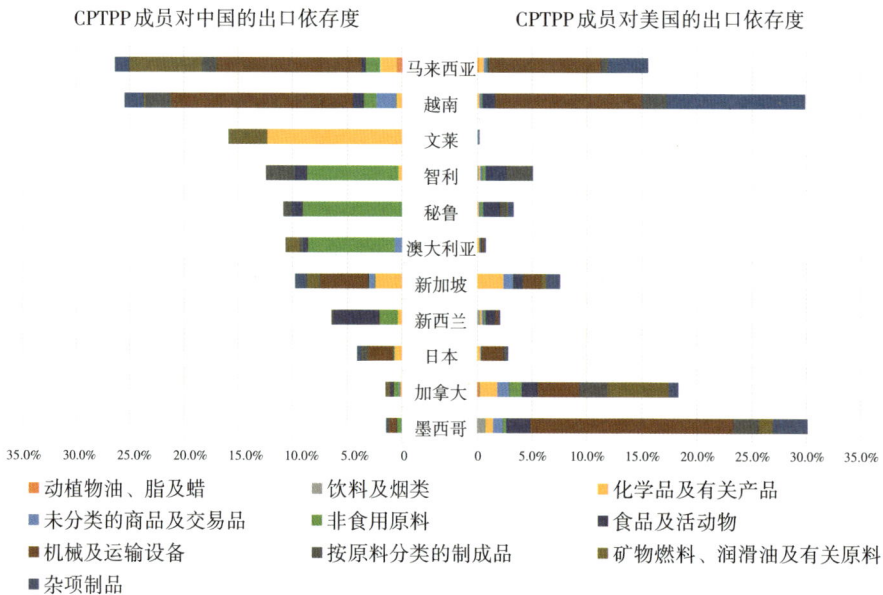

图2-2-3 2021年CPTPP国家对中国、美国分类别的出口依存度

资料来源：WITS，https：//wits.worldbank.org/；世界银行，https：//databank.worldbank.org/source/world-development-indicators#。

注：分类方法取SITC Revison 4，Section（1-digit），共十个类别。

从进口依存度来看，除加拿大和墨西哥外，CPTPP成员国对中国的进口依存度均高于其对于美国的进口依存度，体现了"中国制造"的影响力。其中，对中国进口依存度最高的国家为越南（38.0%），对美国进口依存度最高的国家为墨西哥（21.4%）。从产品层面来看，CPTPP成员对中、美进口依存度最高的产品类别均为机械及运输设备（图2-2-4）。综上，CPTPP成员国对中国的进口依存度基本高于美国（除加拿大和墨西哥），体现了CPTPP成员国对中国产品的依赖以及与中国产业的深度绑定，实现比较优势。

CPTPP 成员对中国的进口依存度   CPTPP 成员对美国的进口依存度

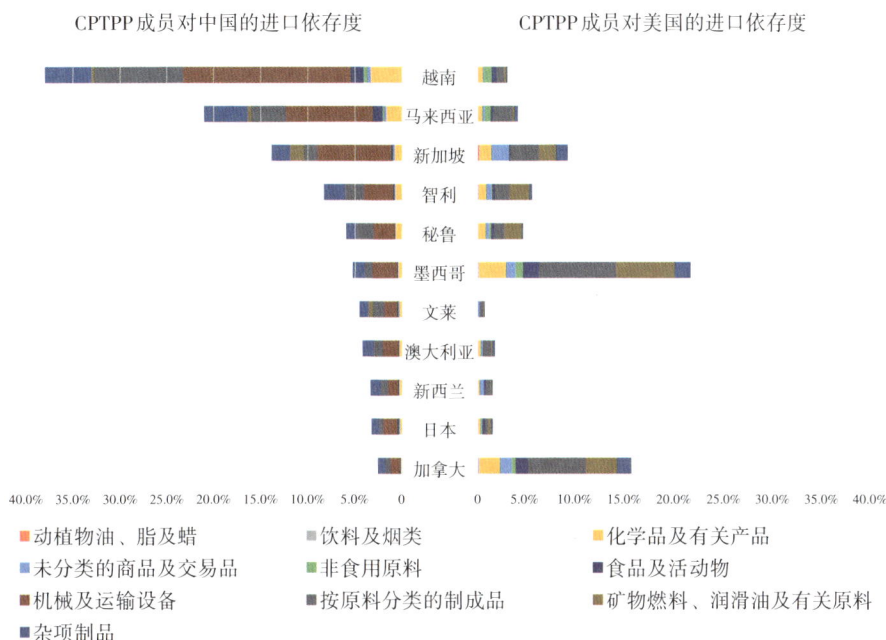

动植物油、脂及蜡　　　　饮料及烟类　　　　　　化学品及有关产品
未分类的商品及交易品　　非食用原料　　　　　　食品及活动物
机械及运输设备　　　　　按原料分类的制成品　　矿物燃料、润滑油及有关原料
杂项制品

图 2-2-4　2021 年 CPTPP 国家对中、美分类别的进口依存度

资料来源：WITS，https：//wits.worldbank.org/；世界银行，https：//databank.worldbank.org/source/world-development-indicators#。

注：分类方法取 SITC Revison 4，Section（1-digit），共十个类别。

　　从贸易结构来看，中国和 CPTPP 成员国之间贸易优势高度互补；中国与加拿大、秘鲁、智利、墨西哥在食品、贱金属制品等产品生产上存在较大互补关系（图 2-2-5）。2021 年，中国对 CPTPP 成员国出口额占中国出口总额的 20.47%，机电产品、纺织品是中国对 CPTPP 国家出口的主要产品，其中，加拿大、墨西哥、秘鲁、智利是中国运输设备、贱金属及制品、塑料橡胶的重要出口市场。中国从 CPTPP 成员国进口额约占中国进口总额的 27.32%，其中，秘鲁、智利、墨西哥是我国铜矿资源的主要进口来源地，而加拿大则是我国纸制品、农产品和食品的主要进口来源地。目前，中国尚未与墨西哥、加拿大签订自由贸易协定，加入 CPTPP 有利于中国进一步密切与美洲国家的贸易联系，推进区域内供应链合作。

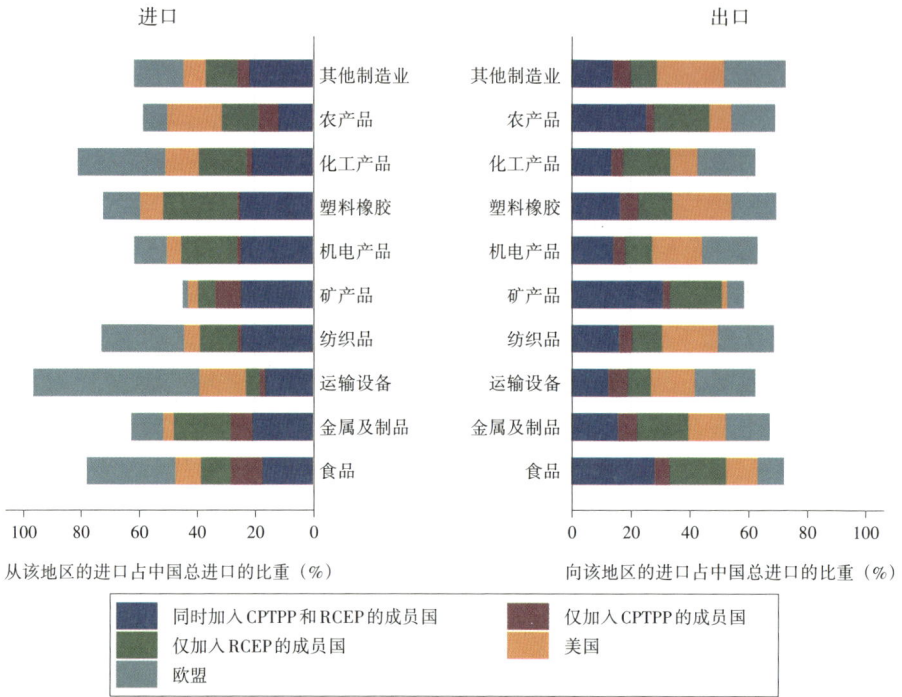

图 2-2-5　2021年中国与CPTPP和RCEP成员国进出口贸易结构图

资料来源：WITS，https：//wits.worldbank.org/。

注：贸易伙伴国分为五类，其中，同时加入CPTPP和RCEP的成员国包括澳大利亚、文莱、日本、马来西亚、新西兰、新加坡、越南；仅加入CPTPP的成员国包括加拿大、智利、墨西哥、秘鲁；仅加入RCEP的成员国包括老挝、泰国、柬埔寨、缅甸、印度尼西亚、菲律宾、韩国。

　　从利用外资情况看，CPTPP成员国的在华直接投资占中国利用外资的比重约8.56%，新加坡和日本是中国的主要投资来源国，拉美国家对华投资规模相对较小（表2-2-1）。2021年CPTPP成员国对华直接投资规模约148.44亿美元，占中国利用外资的比重约8.56%。其中，新加坡和日本是中国的主要投资来源国，这两个国家对华直接投资规模达142.45亿美元，而墨西哥、秘鲁、智利等拉美国家对华投资规模相对较小。作为对比，2021年RCEP成员国对华直接投资规模约188.53亿美元，占中国利用外资的比重约10.87%，二者的差距主要来自于韩国的对华直接投资。目前，韩国已启动加入CPTPP的国内程序；若韩国顺利加入，相较于RCEP，中国将会从CPTPP成员国获得更大的对华投资流入。与此同时，对接CPTPP高标准投资规则将加快推动我国制度型开放，改善国内营商环境，加强国外投资者对中国市场的长期信心，推进国内国际双循环新发展格局的构建。

表 2-2-1　2021 年中国对 RCEP 及 CPTPP 国家实际使用外商直接投资及对外直接投资情况

投资目的地/来源地	隶属的区域集团	中国实际利用外商直接投资金额（万美元）	中国对外直接投资金额（万美元）
世界	WORLD	17 348 331	17 881 932
加拿大	CPTPP	20 269	93 017
墨西哥	CPTPP	373	23 183
秘鲁	CPTPP	120	45 446
智利	CPTPP	427	8 988
澳大利亚	CPTPP, RCEP	29 953	192 254
新西兰	CPTPP, RCEP	1 782	22 461
文莱	CPTPP, RCEP	658	375
越南	CPTPP, RCEP	603	220 762
马来西亚	CPTPP, RCEP	5 770	133 625
新加坡	CPTPP, RCEP	1 033 164	840 504
日本	CPTPP, RCEP	391 325	76 214
柬埔寨	RCEP	3 369	46 675
印度尼西亚	RCEP	2 434	437 251
老挝	RCEP	—	128 232
缅甸	RCEP	54	1 846
菲律宾	RCEP	941	15 286
泰国	RCEP	10 741	148 601
韩国	RCEP	404 469	47 804

　　资料来源：中国实际利用外商直接投资金额数据来自国家统计局，www.stats.gov.cn；中国对外直接投资金额数据来自商务部《2021 年度中国对外直接投资统计公报》，http://images.mofcom.gov.cn/fec/202211/20221118091910924.pdf。

　　注：2021 年中国利用老挝外商直接投资数据缺失。

从对外直接投资来看，中国对 CPTPP 成员国的直接投资规模占中国对外直接投资流量的比重约 9.27%，新加坡、越南和澳大利亚是中国主要的投资目的地（表 2-2-1）。2021 年中国对 CPTPP 成员国的直接投资规模约 165.68 亿美元，占中国对外直接投资流量的比重约 9.27%。其中，新加坡、越南和澳大利亚是中国主要的投资目的地。作为对比，中国对 RCEP 成员国的直接投资规模约 231.19 亿美元，占中国对外直接投资流量的比重约 12.93%，略高于中国对 CPTPP 成员国的直接投资。产生这一差异的原因在于：中国对印度尼西亚、老挝等东盟成员国的直接投资规模较大，对墨西哥、智利等拉美国家直接投资规模相对较小。鉴于中国庞大的市场规模及其在全球供应链中的重要地位，加入 CPTPP 不仅有利于中国优势企业开展对外投资、提高国际化经营水平，也有利于 CPTPP 成员国引入优质资本、技术等生产要素，提高其福利水平。

三、2022年重点国家或地区国际经贸规则谈判主要动向

（一）欧美经济体国际经贸规则谈判主要动向

1. 美国：全力推动印太经济框架

美国2022年在国际经贸规则方面重点推进的主要是印太经济框架（IPEF）（表3-1-1）。该框架由美国总统拜登在2021年10月在东亚峰会上首次提出，并于2022年5月正式启动，启动之初美国召集了13个创始成员国，分别是美国、澳大利亚、文莱、印度、印度尼西亚、日本、韩国、马来西亚、新西兰、菲律宾、新加坡、泰国和越南，随后斐济也宣布加入，目前成员共14个，已于2022年12月开展第一轮谈判。IPEF的14个成员国占全球GDP的40%，占全球商品和服务贸易的28%，从体量来看已经超过RCEP成为世界上最大的自贸协定。IPEF由四大支柱构成，分别是：（1）贸易；（2）供应链；（3）清洁能源、减碳和基础设施；（4）税收和反腐败。IPEF允许成员国只加入其中一部分支柱，例如印度就于2022年9月宣布退出了IPEF四大支柱中的贸易支柱。另外需要注意的是，IPEF不涉及市场准入内容和关税削减条款，因此IPEF属于非典型的自贸协定。IPEF成员国除美国外基本环绕在中国周边，并且这些国家与RCEP以及"一带一路"倡议沿线国家高度重叠，不难看出IPEF是美国印太战略的重要抓手，其所包含的美国与中国展开战略竞争的意味十分浓厚。

表3-1-1　美国国际经贸规则谈判动向

正在谈判的协定	谈判进程
印太经济框架	2022.05谈判启动，2022.12进行第一轮谈判

资料来源：https://ustr.gov/trade-agreements/agreements-under-negotiation。

2. 欧盟：重心转向印太地区

欧盟目前正在分别与印度、澳大利亚、菲律宾和印度尼西亚这4个国家展开双边FTA谈判，其中与菲律宾和印度尼西亚的谈判在2022年并无明显进展，与印度的双边FTA谈判在2022年重新启动，截至2022年12月已进行三轮谈判。而欧盟与澳大利亚的双边FTA谈判自2018年启动以来一直没有中断，截至2022年10月已累计开展十三轮谈判（表3-1-2）。不难发现，欧盟2022年关于国际经贸规则的谈判重心并不在其地理周边，而主要是在印太地区。考虑到印太地区人口众多，市场巨大，与欧盟经济互补性强，欧盟做出此种选择在情理之中。此外，考虑到美国正在推动印太经济框架，而RCEP、CPTPP等重要区域贸易协定也均涉及印太地区，印太地区已经成为目前甚至未来全球经贸格局中最为重要的区域之一，欧盟2022年将国际经贸规则的谈判重心布局在该地区除了经济因素外，无疑也包含着重要的战略考量。

表3-1-2　欧盟国际经贸规则谈判动向

正在谈判的协定	谈判进程
欧盟—印度	2007谈判启动，2013暂停，2022.06重新启动谈判，2022.06—2022.12已进行三轮谈判
欧盟—澳大利亚	2018.06谈判启动,2018.07—2022.10举行十三轮谈判
欧盟—菲律宾	2015.12谈判启动
欧盟—印度尼西亚	2016.07谈判启动,至今已举行十一轮谈判

资料来源：https://policy.trade.ec.europa.eu/eu-trade-relationships-country-and-region/negotiations-and-agreements_en。

3. 英国：谈判活跃度高涨

根据英国政府官网的公开信息，英国2022年正在分别与印度、加拿大、墨西哥、海合会六国（沙特阿拉伯、卡塔尔、科威特、巴林、阿曼和阿联酋）、以色列、乌克兰进行贸易谈判，并已正式申请加入CPTPP（表3-1-3）。在欧美国家之中，相比于美国和欧盟，英国的国际经贸规则谈判数量明显更多，并且目前正在进行的所有谈判都是2022年新发起的，这一现象产生的主要原因是：2020年1月31日，英国正式脱欧，在脱欧之前，欧盟与任何一个国家达成的FTA都自动适用于英国；但脱欧后，这些FTA都不再使用，英国至少需要从程序上和所有贸易伙伴重新进行贸易谈判（实际上，英国与大多数国家的FTA条款沿用了英国作为欧盟成员国时的条款）[①]。

表3-1-3　英国国际经贸规则谈判动向

正在谈判的协定	谈判进程
英国—印度	2022.01谈判启动，2022.01—2022.12举行六轮谈判
英国—加拿大	2022.03谈判启动
英国—墨西哥	2022.05谈判启动
英国—海合会	2022.06谈判启动
英国—以色列	2022.07谈判启动
英国—乌克兰（DTA）	2022.08谈判启动
CPTPP	2022.02正式申请加入

资料来源：https://www.gov.uk/government/collections/the-uks-trade-agreements。

注：DTA是指数字贸易协定（Digital Trade Agreement）。

（二）亚太经济体国际经贸规则谈判主要动向

1. 日本：对印太经济框架积极响应

目前日本尚处在谈判阶段的贸易协定包括日本—土耳其经济伙伴关系协

[①] http://chinawto.mofcom.gov.cn/article/e/t/202112/20211203229597.shtml.

定、日本—哥伦比亚经济伙伴关系协定、中日韩自由贸易协定以及印太经济框架（表3-2-1）。从谈判进程看，前三个贸易协定的谈判由于各种原因均已停滞数年，因此从2022年5月开始启动的印太经济框架是日本在2022年所有国际经贸规则谈判中唯一处于活跃状态的谈判。如果进一步考虑到日本长期以来对美国的战略追随以及在东南亚和南亚的经贸布局和持续耕耘，印太经济框架无疑会成为日本下一步国际经贸规则谈判的重中之重。

表3-2-1　日本国际经贸规则谈判动向

正在谈判的协定	谈判进程
日本—土耳其（EPA）	2012.07谈判启动，2014.12—2015.12举行两轮谈判
日本—哥伦比亚（EPA）	2012.12—2015.09举行十三轮谈判
中日韩	2012.11谈判启动，2013.03—2019.11举行十六轮正式谈判
印太经济框架	2022.05谈判启动，2022.12进行第一轮谈判

资料来源：https：//www.mofa.go.jp/policy/economy/fta/。

注：EPA是指经济伙伴关系协定（Economic Partnership Agreement）。

2. 韩国：密集开展亚太地区谈判活动

根据韩国外交部的统计，韩国目前尚未达成的国际经贸规则谈判众多，包括与海合会六国、中国、日本、厄瓜多尔、南方共同市场（包含阿根廷、巴西、巴拉圭和乌拉圭）、俄罗斯、马来西亚、乌兹别克斯坦、东盟、印度、中美洲（包括萨尔瓦多、尼加拉瓜、哥斯达黎加、洪都拉斯、巴拿马和厄瓜多尔），以及印太经济框架其他13个成员国（见上文，此处不赘述）的谈判，其中2022年保持活跃状态的谈判活动包括与海合会、厄瓜多尔、东盟、印度以及印太经济框架其他13个成员国的谈判，这些谈判对象绝大多数都分布在亚洲（表3-2-2）。这一现象的背后，首先与韩国自身的国情有关：韩国国土面积狭小，资源匮乏，与此同时却有着强大的经济实力与生产能力，对于通过贸易活动获得资源和市场始终有着强烈需要，而市场广阔、地缘相近的东亚、东南亚和南亚以及资源丰富的西亚就成为韩国开展贸易谈判活动的首选目标；其次也与韩国政府的长期布局密切相关：早在李明博政府时期，韩国就已经开始致力打造远东乃至亚洲的FTA中心，截至目前，韩国已经和美国、欧盟、中国在内的主要经济体均签订了FTA[①]。

表3-2-2　韩国国际经贸规则谈判动向

正在谈判的协定	谈判进程
韩国—海合会	2007—2009举行三轮谈判，2010.01暂停谈判，2021.01正式恢复，2022.03举行第四轮谈判，2022.06举行第五轮谈判
中日韩	2012.11.20谈判启动，2013.03—2019.11举行十六轮谈判
韩国—厄瓜多尔	2015.08谈判启动，2016.01—2016.11举行五轮谈判，2022.03恢复谈判，2022.09第七轮谈判，2022.11第八轮谈判
韩国—南方共同市场	2018.05谈判启动，2018.09—2021.08举行七轮正式谈判
韩国—俄罗斯	2019.06谈判启动，2019.06—2020.06举行五轮正式谈判
韩国—马来西亚	2019.06谈判启动，2019.07—2019.09举行三轮正式谈判
韩国—乌兹别克斯坦	2021.01谈判启动，2021.04—2021.11举行两轮正式谈判
韩国—东盟升级	2010.10—2022.07执行委员会举行十九次会议
韩国—印度升级	2016.10—2022.11举行九次协商
韩国—中国升级	2018.03—2020.10举行九次协商
韩国—智利升级	2018.11—2021.10举行六次协商
韩国—中美洲扩围	2021.10协商开始，2021.11首席代表会议
印太经济框架	2022.05谈判启动，2022.12进行第一轮谈判

资料来源：https://www.fta.go.kr/main/situation/kfta/ov/

3. 越南：重点推进印太经济框架谈判

越南目前正在谈判的国际经贸规则包括越南—欧洲自由贸易联盟（包含冰岛、挪威、瑞士和列支敦士登）FTA、越南—以色列FTA以及印太经济框架。从这些国际经贸规则的谈判进程上看，与日本类似，印太经济框架是2022年越

---

① https://mp.weixin.qq.com/s?__biz=MzA4MzU0MjU4NQ==&mid=2650684710&idx=1&sn=f5b0a5230fe9b01de38dc003458d3698&chksm=87fe4a70b089c366594a407d52540994c6580cd996398961024bc2fb5d52615a151df0d4515b&scene=27.

南唯一一个处于谈判活跃期的贸易协定，因此该框架也将成为越南下一步进行贸易谈判的重点。需要注意的是，越南同时还是 CPTPP 以及 RCEP 的成员国，未来印太经济框架的进一步达成，无疑将进一步提升越南在世界经贸格局中的地位，并给越南带来更多的经济机会。从这一角度考虑，越南也有很强的动机去推动印太经济框架的达成。

表3-2-3　越南国际经贸规则谈判动向

正在谈判的协定	谈判进程
越南—欧洲自由贸易联盟	2012.05—2018.06举行十六轮谈判
越南—以色列	2016.03—2018.06举行五轮谈判
印太经济框架	2022.05谈判启动，2022.12进行第一轮谈判

资料来源：https://wtocenter.vn/fta/198-vietnam---efta/1；https://wtocenter.vn/fta/200-vietnam---israel/1。

4. 印度：一反常态与大国密集展开谈判

目前印度正在开展的贸易谈判涉及的国家或地区包括：欧盟、加拿大、以色列、韩国、英国以及印太经济框架涉及的其他成员国（表3-2-4）。除了与韩国、英国的谈判以及印太经济框架以外，其他贸易谈判的启动时间至今已经超过了10年，并且均经历了漫长的停滞期。2022年印度却一反常态，开始密集重启或新增贸易谈判，并且涉及的谈判对象有很大一部分在世界经贸格局中具有重要地位。印度的这一看似反常的举动，背后的深层原因包括：第一，经济层面，印度希望成为经济强国，经济的快速发展离不开贸易的驱动，而其他国家也需要印度的庞大市场；第二，战略层面，印度希望提升自身的国际地位，而在美国大力推动印太战略的背景下，印太地区尤其是印度已经成为战略焦点，贸易谈判涉及的各方在经济利益之外或多或少都有深层次的战略考量。

表3-2-4　印度国际经贸规则谈判动向

正在谈判的协定	谈判进程
欧盟—印度	2007 谈判启动，2013 暂停，2022.06 重新启动谈判，2022.06—2022.12 已进行三轮谈判

续表

正在谈判的协定	谈判进程
印度—加拿大（CEPA）	2010谈判启动，2022.03重启谈判，截至2022.11共举行五轮谈判
印度—以色列	2010.05首轮谈判，2022重启谈判
澳大利亚—印度（CECA）	2011.05谈判启动，2016暂停谈判之前举行九轮谈判，2021.09重启谈判，2022.04达成临时协定
韩国—印度升级	2016.10—2022.11举行九次协商
英国—印度	2022.01谈判启动，2022.01—2022.12举行六轮谈判
印太经济框架	2022.05谈判启动，2022.12进行第一轮谈判

资料来源：https：//www.india-briefing.com/news/india-fta-2022-status-update-23513.html/。

注：CEPA是指全面经济伙伴协定（Comprehensive Economic Partnership Agreement）。

5. 澳大利亚：重心转向欧盟和印太地区

2022年，澳大利亚处在谈判阶段的国际经贸规则包括欧盟—澳大利亚自由贸易协定、澳大利亚—印度全面经济合作协定以及印太经济框架，其中澳大利亚—印度全面经济合作协定谈判取得重要进展，澳印双方在2022年4月已达成关于该协定的临时协定——澳大利亚—印度经济合作与贸易协定（Australia-India Economic Cooperation and Trade Agreement，AUSIND CECA），并将进一步推进后续的谈判（表3-2-5）。从地域的分布上看，澳大利亚目前贸易谈判的重心，一是在欧洲，二是在其所在的印太地区。从谈判对象的重要性看，欧盟市场庞大，截至2021年末、2022年初拥有近4.5亿人口，GDP约为23万亿美元，是澳大利亚第三大双向商品和服务贸易伙伴以及第四大外国直接投资来源地，与欧盟签订FTA将给澳大利亚带来更多的市场、就业机会，并增加消费者福利；印度同样有着庞大的市场，截至2021年末、2022年初拥有近14亿人口，GDP接近3万亿美元，并且从经济结构上看和澳大利亚具有很好的经济互补性；而印太经济框架成员国正如上文所言，占全球GDP的40%，占全球商品和服务贸易的28%，对澳大利亚而言同样意味着巨大的经济机会。

表3-2-5 澳大利亚国际经贸规则谈判动向

正在谈判的协定	谈判进程
澳大利亚—印度（CECA）	2011.05谈判启动，2016暂停谈判之前举行九轮谈判，2021.09重启谈判，2022.04达成临时协定
欧盟—澳大利亚	2018.06谈判启动，2018.07—2022.10举行十三轮谈判
印太经济框架	2022.05谈判启动，2022.12进行第一轮谈判

资料来源：https://www.dfat.gov.au/trade/agreements/trade-agreements。

注：CECA是指全面经济合作协定（Comprehensive Economic Cooperation Agreement）。澳大利亚和印度的全面经济合作协定区别于2022年12月29日两国已经达成的澳大利亚—印度经济合作与贸易协定（Australia—India Economic Cooperation and Trade Agreement）。

（三）重要国家或地区贸易谈判对比分析

1. 协定数量及其活跃度对比

根据图3-3-1以及前文表格信息可知，在8个重要国家或地区中，从绝对数量上看，无论是正在谈判的协定总数、活跃协定数还是非活跃协定数，韩国都明显超出其他国家或地区，居于首位；美国、日本以及越南正在谈判并处于活跃状态的自贸协定均只有一个——印太经济框架；从比例上看，英国、印度、澳大利亚以及美国正在谈判的自贸协定100%处于活跃状态；日本、越南

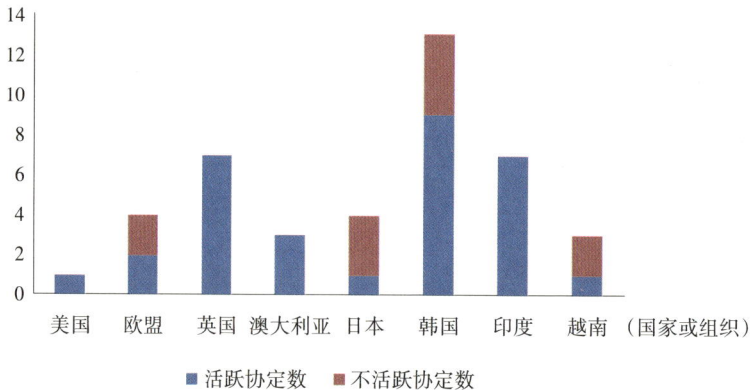

图3-3-1 重要国家或地区正在谈判的协定数量及活跃度情况

注：我们定义2021年以来至少有过一次谈判活动的协定为活跃协定，否则为不活跃协定。数据来源：作者计算。

以及欧盟都至少有一半的协定处于非活跃状态，其中日本处于非活跃状态的自贸协定比例最高，达75%。

2. 协定涉及的地域范围对比

根据图3-3-1以及前文表格信息可知，韩国和英国正在谈判的贸易协定涉及的国家分布在5个大洲（亚洲、欧洲、北美洲、南美洲以及大洋洲），分布范围最广；其他国家或地区正在谈判的贸易协定涉及的国家或地区分布在3—4个大洲；8个重要国家或地区目前正在谈判的贸易协定均同时涉及了亚洲和大洋洲（对应亚太和印太地区），且均没有涉及非洲；韩国正在谈判的贸易协定涉及的国家或地区数量最广，高达37个，其次是英国，也超过了20个，欧盟最少，为5个。

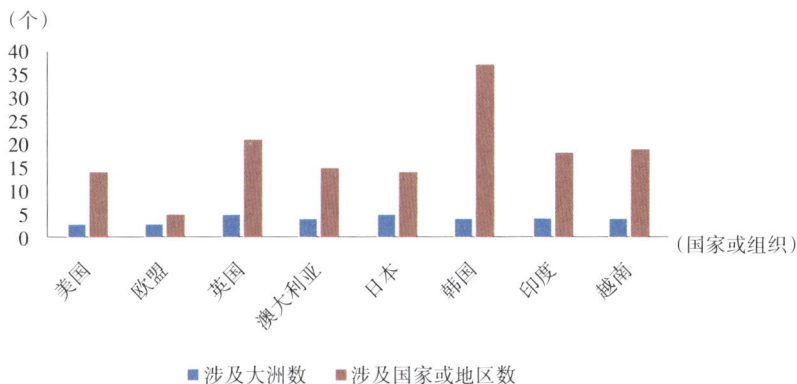

图3-3-2 重要国家或地区正在谈判的协定涉及的空间范围

注：在计数时我们将欧盟作为一个整体而非区分为27个国家，此外计数时这些重要国家或地区本身也会被计数。数据来源：作者计算。

3. 双边协定与非双边协定对比

根据图3-3-3以及前文表格信息可知，除美国以外，其他各国正在谈判的贸易协定均以双边协定为主；除欧盟没有正在谈判的非双边协定外，其他所有国家均恰好有一项非双边协定处于谈判状态，并且均处于活跃期，这些非双边协定中，除了英国正在申请加入的CPTPP以外，其余国家涉及的非双边协定均为印太经济框架。

从正在谈判的协定数量、活跃度以及涉及的空间范围看，在上述所有国家或地区中，韩国总体表现最为突出，英国其次；从单一协定在8个重要国家或地区中的普及性以及影响力上看，印太经济框架无疑排在首位，并且我们还进一步发现，这8个国家或地区无论是否参与了印太经济框架的谈判，其正在谈判的贸易协定均涉及亚太和印太地区，而这些地区正是印太经济框架重点布局的区域。

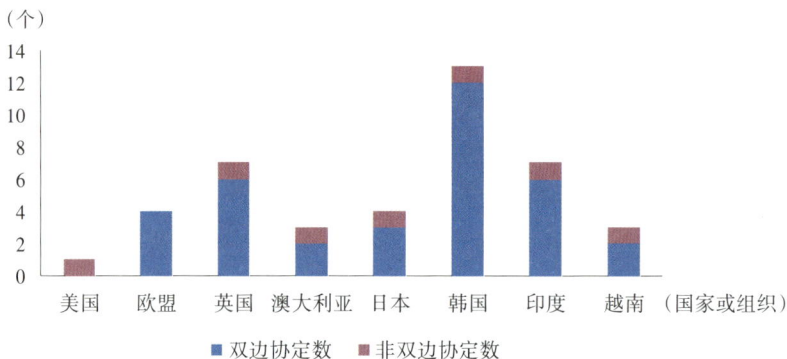

图3-3-3　重要国家或地区正在谈判的双边与非双边协定

注：非双边协定是指参与方为两方以上，当众多国家或地区作为一个整体与另一方谈判时，这些国家或地区仅被算作一方。数据来源：作者计算。

四、重点国家国际经贸规则走向预测

1. 英美FTA签订概率高

本团队通过机器学习方法将过去历史经验数据（何种国家间特征对应何种FTA签订结果）传递给机器，以此让机器学习捕捉规律，进而实现对未来任意两国间能否签订FTA进行概率预测。在此基础上，我们观测了世界主要大国或组织（美国、英国、欧盟、澳大利亚）和中国周边国家（日本、韩国、印度、越南）的FTA签署概率。

首先，我们预测了美国、英国、欧盟、澳大利亚这4个世界主要大国（或地区）的FTA签订概率。其中，与美国签订FTA概率高于60%的国家或组织有5个（如表4-1所示），分别是英国、马来西亚、越南、新西兰以及欧盟。美国和欧盟的《跨大西洋贸易与投资伙伴协议》（*Transatlantic Trade and Investment Partnership*，TTIP）由于分歧较大，自2013年6月17日谈判正式启动后至2023年3月尚未取得实质性突破，目前仍处于停滞状态；英国脱欧后，由于英国对FTA较为重视，利益分歧少于TTIP谈判，以及两国政治关系更为融洽等，英美具有较高概率签署FTA，目前双方的FTA协定仍处于谈判之中。此外，马来西亚、越南、新西兰是美国主导的《跨太平洋伙伴关系全面进展协定》（TPP）的前缔约国，这3个国家和美国具有较高概率达成FTA，目前马来西亚和美国的谈判已经持续了超过15年，越南自2017年美国退出TPP后也一直寻求与美国开展新形式的双边或区域贸易协定，新西兰和美国的FTA谈判目前也在进行中。

表4-1　与美国潜在签订FTA国家或地区

排名	潜在签订FTA国家或地区	潜在签订FTA概率
1	英国	较高概率
2	马来西亚	较高概率
3	越南	较高概率
4	新西兰	较高概率
5	欧盟	中等概率

注："较高概率"表示潜在签订FTA概率超过80%，"中等概率"表示潜在签订FTA概率为60%—80%，下表同。

英国在2020年正式脱欧后，跟欧盟的FTA成员国大都重新缔约以维持区域贸易自由化，与英国签订FTA概率前10位的国家如下（如表4-2所示），分别是美国、阿尔及利亚、塞内加尔、布基纳法索、冈比亚、佛得角、马里、贝宁、毛里塔尼亚、菲律宾。自2002年以来，欧盟就一直推动与非洲的《经济合作伙伴协定》自贸谈判，由于多重原因谈判拖延至今，在2014年3月欧盟与西非国家经济共同体已经初步达成了协议意向。此外，欧盟和东盟自2007年便开启了FTA谈判，英国脱欧后，由于自身的灵活性，并不需要协调欧盟内部分歧，FTA谈判取得较大进展。美国是英国的第一大贸易伙伴，由于殖民地历史，英国与亚太地区的英联邦成员国家在社会制度和意识形态等方面有着密切联系，加之英国有大量的工业原料来自非洲，故而英国正着力推动在美国、非洲和亚太地区的自贸协定布局，因此与英国潜在签订FTA国家或地区除美国外，主要是非洲国家（特别是西非）和东盟国家。

表4-2　与英国潜在签订FTA国家或地区

排名	潜在签订FTA国家	潜在签订FTA概率
1	美国	较高概率
2	阿尔及利亚	较高概率
3	塞内加尔	较高概率
4	布基纳法索	较高概率

排名	潜在签订FTA国家	潜在签订FTA概率
5	冈比亚	较高概率
6	佛得角	较高概率
7	马里	较高概率
8	贝宁	较高概率
9	毛里塔尼亚	较高概率
10	菲律宾	较高概率

欧盟是FTA签订的核心区域之一，潜在与欧盟签订FTA的重点区域同样为非盟成员国和东盟国家，概率前10位国家如下（如表4-3所示），分别是布基纳法索、塞内加尔、贝宁、尼日尔、马里、菲律宾、尼日利亚、厄立特里亚、冈比亚、印度尼西亚。欧盟推动与非盟签订自由贸易协定已超过20年，由于双方在关税问题、农业保障措施和原产地原则认定等问题上分歧较大，目前欧盟与非盟并没有签署双边自贸协定，不过在2014年3月欧盟与西非国家经济共同体已经初步达成了协议意向。此外，欧盟和亚太地区是FTA谈判的活跃地区，欧盟与菲律宾、印度尼西亚、澳大利亚、马来西亚等国家正在推进自贸协定谈判。

表4-3　与欧盟潜在签订FTA国家或地区

排名	潜在签订FTA国家	潜在签订FTA概率
1	布基纳法索	较高概率
2	塞内加尔	较高概率
3	贝宁	较高概率
4	尼日尔	较高概率
5	马里	较高概率
6	菲律宾	较高概率
7	尼日利亚	较高概率

排名	潜在签订FTA国家	潜在签订FTA概率
8	厄立特里亚	较高概率
9	冈比亚	较高概率
10	印度尼西亚	较高概率

我们还预测了澳大利亚的FTA签订概率（表4-4）。与欧盟的自贸协定谈判是澳大利亚近期FTA谈判的主要进展，欧盟与澳大利亚的自贸协定始于2018年，双方至今已进行了超十轮的FTA谈判，尽管近年来政治分歧等因素导致的谈判阻力增大，但是欧盟与澳大利亚仍有较高概率在近年内签订FTA。

表4-4　与澳大利亚潜在签订FTA国家或地区

排名	潜在签订FTA国家或地区	潜在签订FTA概率
1	欧盟	较高概率

其次，我们预测了中国周边国家（日本、韩国、印度、越南）的FTA签订概率。其中，日本与土耳其有较高概率签订FTA（表4-5），韩国与俄罗斯有中等概率签订FTA；印度与以色列、英国以及欧盟有概率在近年内签订FTA；与越南签订FTA概率高于60%的国家有6个，分别是冰岛、美国、瑞士、以色列、挪威以及列支敦士登。土耳其与日本在2014年开启了首轮《经济伙伴协定（EPA）》谈判，且于2018年开始加快谈判速度，目前双方已完成超十轮谈判。土耳其与韩国签署的FTA已经在2013年正式生效，日本政府希望近期尽快与土耳其签署FTA，以期在与土耳其的商贸合作中与韩国企业抗衡。

表4-5　与日本潜在签订FTA国家或地区

排名	潜在签订FTA国家	潜在签订FTA概率
1	土耳其	较高概率

2017—2020年间，韩国和俄罗斯积极推动着双边自贸协定的谈判，俄罗斯经济发展部2020年表示正在磋商双边自贸协定文本，并在2020年3月举行了第三轮谈判，2020年中又启动了第五轮服务和投资项目自由贸易协定的谈判。新

冠疫情发生后，经济不确定性的增大和地缘政治的势力变化使得FTA谈判进展受阻，不过两国仍有中等概率在近年内完成FTA谈判（表4-6）。

表4-6　与韩国潜在签订FTA国家或地区

排名	潜在签订FTA国家	潜在签订FTA概率
1	俄罗斯	中等概率

与印度签订FTA概率高于60%的国家或组织有3个（如表4-7所示），分别是以色列、英国和欧盟。目前印度已与英国结束第五轮自贸协定谈判，并时隔9年后重启了与欧盟的自贸协定谈判，同时印度也有推动与以色列的已经进行超10年自贸协定谈判。由于历史因素，相较于其他亚洲国家，印度和欧洲地区（特别是英国）意识形态方面差异较小，经贸合作相对较多，近期英国和印度自贸协定谈判相对活跃，两国有较高概率签订FTA，与欧盟也有中等概率签订FTA。

表4-7　与印度潜在签订FTA国家或地区

排名	潜在签订FTA国家或组织	潜在签订FTA概率
1	以色列	较高概率
2	英国	较高概率
3	欧盟	中等概率

东盟是FTA谈判的核心区域之一，越南凭借位处东盟带来的FTA谈判优势近年内有较高概率与冰岛和美国签署FTA，与瑞士、以色列、挪威以及列支敦士登也有中等概率完成FTA谈判（表4-8）。目前，越南正在推进与EFTA集团（包括瑞士、挪威、冰岛、列支敦士登）以及以色列之间的自由贸易协定谈判，因此与上述五国有较高概率或中等概率在近年内完成相关谈判，而与美国之前签署过未生效的TPP，如果美国在FTA战略方面重返亚太，两国仍有较高概率签订自贸协定。

表4-8　与越南潜在签订FTA国家或地区

排名	潜在签订FTA国家	潜在签订FTA概率
1	冰岛	较高概率
2	美国	较高概率
3	瑞士	中等概率
4	以色列	中等概率
5	挪威	中等概率
6	列支敦士登	中等概率

2. 英韩加入CPTPP概率高

《全面与进步跨太平洋伙伴关系协定》（CPTPP）是在2018年12月30日于亚太地区11个国家间正式生效的巨型区域贸易协定，是当前高标准自贸协定的代表。CPTPP成员国及其国内批准情况如表4-9所示。

表4-9　CPTPP成员国及其国内批准情况

序号	经济体	批准时间
1	墨西哥	2018年6月28日
2	日本	2018年7月6日
3	新加坡	2018年7月19日
4	新西兰	2018年10月25日
5	加拿大	2018年10月29日
6	澳大利亚	2018年10月31日
7	越南	2018年11月15日
8	秘鲁	2021年7月21日
9	马来西亚	2022年9月30日
10	智利	2022年12月23日
11	文莱	尚未批准

资料来源：笔者整理。

CPTPP是一个开放的自贸协定，允许非成员国申请加入。鉴于CPTPP所在的亚太地区的地缘重要性、经济和贸易潜力等，英国、韩国等多个经济体已经明确提出了加入CPTPP的申请或表达了加入CPTPP的意愿。基于此，我们运用机器学习的方法，分析了未来哪些经济体更有可能成功加入CPTPP。

依据目前所掌握的通报信息和新闻等，我们分析了英国、韩国、乌拉圭、哥斯达黎加、菲律宾、印度尼西亚和厄瓜多尔等7个经济体加入CPTPP的可能概率，并依据概率数值，将加入CPTPP的可能性划分为高、较高和中等三个等级。具体结果如表4-10所示，英国、韩国、乌拉圭和哥斯达黎加加入的概率为高等级，菲律宾和印度尼西亚加入的概率为较高等级，厄瓜多尔加入的概率为中等级。

表4-10　申请加入和有意愿加入CPTPP的国家

序号	经济体	加入CPTPP概率	是否已申请加入
1	英国	高	☑
2	韩国	高	☐
3	乌拉圭	高	☑
4	哥斯达黎加	高	☑
5	菲律宾	较高	☐
6	印度尼西亚	较高	☐
7	厄瓜多尔	中等	☑

资料来源：笔者整理。

注：☑表示已经申请加入CPTPP，☐表示有意愿申请加入（潜在申请者）。

依据预测的结果，英国加入CPTPP的概率为高等级。我们认为主要有两个原因。一是英国已表达出加入CPTPP的强烈意愿。2021年，英国向CPTPP提交了正式申请，成为第一个申请加入CPTPP的非创始国家。就谈判基础而言，目前英国已经与CPTPP成员中的日本、加拿大、智利、墨西哥、秘鲁、新加坡和越南等7国生效了自由贸易协定，具备了良好的谈判基础。就谈判进展而言，目前CPTPP成员国一致判定英国符合电子商务和知识产权等规则，双方就关税减让等问题正开展磋商，并且英国在关税大幅减让、市场监管透明度、公平贸易等方面并不存在实质性的阻碍。就谈判策略而言，英国方面表现积极，并就加入CPTPP对英国投资、贸易、消费、就业、环境与劳工等方面的经济效益进行了正面评估。就自由贸易协定战略而言，英国在东亚和东南亚地区的伙伴数量相对较少，英国加入CPTPP的可能性也较大。WTO RTA（Regional trade agreements）数据库资料显示，自2020年英国正式脱欧以来，英国已生效了36个自由贸易协定，均在2021年生效，其中2020年通报了30个自由贸易协定，2021年通报了6个自由贸易协定。英国现有的自由贸易协定缔约伙伴主要集中在欧洲、美洲和非洲，在亚洲等地区的伙伴较少，英国有较强的意愿与亚洲经济体开展谈判。二是CPTPP也对英国加入持开放态度。英国不仅是第一个申请加入CPTPP的非创始国家，在申请成功加入CPTPP后，英国将是仅次于日本的第二大经济体。目前，CPTPP的成员均为亚太地区国家，英国是第一个申请加入CPTPP的非亚太国家。同时，CPTPP委员会表示，正在讨论英国加入CPTPP的申请。

韩国加入CPTPP的概率为高。就韩国的自由贸易协定缔结现状而言，韩国已经生效了20份自由贸易协定，并且韩国一直积极融入亚太经贸网络，从韩国—东盟自由贸易协定到RCEP，韩国均持积极态度。目前，韩国已启动加入CPTPP的议案程序，但尚未正式向CPTPP方提交申请。就韩国加入CPTPP的历史进程而言，韩国已经与CPTPP成员中的澳大利亚、文莱、加拿大、智利、马来西亚、新西兰、秘鲁、新加坡和越南等9个国家生效了自由贸易协定，并且韩国正与日本、墨西哥开展自由贸易协定谈判。

乌拉圭加入CPTPP的概率为高。就乌拉圭的自由贸易协定缔结现状而言，乌拉圭已经生效了8份自由贸易协定，乌拉圭有意融入亚太经贸网络，已经与印度、巴基斯坦、孟加拉国、菲律宾和韩国生效了自由贸易协定。目前，乌拉圭已经正式向CPTPP方提交申请。就乌拉圭加入CPTPP的历史进程而言，乌拉圭已经与墨西哥、秘鲁以及智利等CPTPP成员生效了自由贸易协定，目前正与加拿大开展自由贸易协定谈判。

哥斯达黎加加入CPTPP的概率为高。就哥斯达黎加的自由贸易协定缔结现状而言，哥斯达黎加已经生效了15份自由贸易协定，参与全球经贸网络的积极性较高，已经与中国大陆、美国、加拿大和欧洲一些经济体生效了自由贸易协定。目前，哥斯达黎加已正式向CPTPP方提交申请。就哥斯达黎加加入CPTPP的历史进程而言，哥斯达黎加已经与CPTPP成员中的加拿大、智利、墨西哥、秘鲁、新加坡等5个国家生效了自由贸易协定。

菲律宾和印尼加入CPTPP的概率为较高。一方面，从有利因素看，菲律宾和印度尼西亚截至目前分别已经生效了11份和13份自由贸易协定，参与全球经贸网络的积极性较高，并且两国均已经与CPTPP成员中的墨西哥、智利、秘鲁、新加坡、越南、文莱、马来西亚、日本、澳大利亚、新西兰等10个国家生效了自由贸易协定，其中新加坡、越南、文莱以及马来西亚和菲律宾以及印尼同属东盟，在加入CPTPP方面可以给予两者更多支持。另一方面，从不利因素看，菲律宾和印尼国内对于CPTPP并未形成一致意见，政府对于加入CPTPP的意愿不是特别强烈，目前还没有提交相关申请。此外，菲律宾和印度尼西亚均为RCEP和印太经济框架（IPEF）的成员，相比于前文中提到的4个国家，这两个国家加入CPTPP能够获得的额外收益相对较小。

厄瓜多尔加入CPTPP的概率为中等。一方面，从有利因素看，截至目前厄瓜多尔已经生效了8份自由贸易协定，参与全球经贸网络的积极性较高；此外厄瓜多尔加入CPTPP的主观动机较强，已于2021年12月明确提出了加入CPTPP的申请。另一方面，从不利因素看，厄瓜多尔目前与CPTPP成员国中的大国——日本、澳大利亚以及加拿大均未签订自贸协定，并且厄瓜多尔和CPTPP成员国秘鲁由于领土争端等问题历史上长期关系紧张，从这一角度看其加入CPTPP阻力较大；此外，厄瓜多尔本身属于南美洲发展水平比较滞后的国家，经济结构单一，高度依赖石油，其国内政策距离CPTPP的要求尚有相当大的距离。

五、中国参与国际经贸规则的路径与方案

（一）中国参与国际经贸规则的原则与理念

1. 基本原则：共商共建共享

共商共建共享是建立全球经济治理体系新型国际公共品供需关系的基本原则。共建"一带一路"倡议及其核心理念已写入联合国、G20、APEC等国际组织的重要文件。"共商"强调国家共识，通过对话交流寻求国家认知的共同点、合作分工的交汇点和共同发展的切入点，着力打造国际化共商平台，建立多轨对话机制和争端解决机制，强化多边机制和区域机制在共商中的作用。"一带一路"建设充分尊重东道国宗教信仰、环境要求和民俗文化，不搞"渗透性"制度输出和"强制性"发展模式移植。"一带一路"建设逐步由中国倡议转变为国际共识，"一带一路"的参与国既是建设者和贡献者，也是责任和风险的共同担当者。"共建"强调平等参与，弱化参与主体之间的权力博弈，注重参与主体的主权平等。以区域合作为基础，以发展战略对接为方式，充分发挥东道国的核心作用，提高企业的本地化运营程度，吸纳当地企业和政府积极参与，增强沿线国经济发展的内生动力，培育区域新的经济增长点。"共享"强调利益分配，"一带一路"建设不是零和博弈，而是双赢、多赢、共赢。共建"一带一路"不排斥和针对任何经济体，对所有国家开放，发展成果惠及所有沿线国家。"一带一路"建设既包括经济领域，也包括发展中经济体普遍关注的农业、减贫、教育、科技、卫生、环保和能力建设等社会和民生议题。"一带一路"建设注重科技创新成果向沿线国家转移。中国与沿线国家已签署约50个科技合作协定，启动了中国—东盟、中国—南亚等科技伙伴计划，建立了区

域技术转移平台和国际科学组织联盟。"一带一路"建设注重释放绿色产能，不搞污染和落后产业转移。截至2019年底，中国已与沿线国家和国际组织签署近50份生态环保文件，启动"一带一路"绿色供应链平台，"一带一路"正在成为绿色发展之路。

2. 核心理念：打造人类命运共同体

打造人类命运共同体是中国重塑全球经济治理的核心理念。人类命运共同体思想蕴含着对当前全球经济贸易关系矛盾的批判与重构。各国主权平等是《联合国宪章》七大基本原则之一。但"大国争霸"与"弱肉强食"的丛林法则始终贯穿全球化发展历程。依靠不平等的国际分工，甚至通过侵略战争，发达国家实现了对发展中国家的掠夺，这种"零和博弈"的全球非对称性发展模式势必被历史所抛弃。"经济人假设""利润最大化"是西方经济学的经典假设，其实现路径遵循丛林法则，导致许多国家和民众被全球化"边缘化"（裴长洪和刘洪愧，2018）。因此，着力解决公平公正问题是构建新型全球经济治理体系的首要命题。"巴比伦塔毁于无法协力"，在经济联系空前紧密的全球化时代，各国人民互利共赢是顺应潮流的必然选择。

3. 重要举措：构建开放透明的多边贸易和投资治理体系

构建开放透明的多边贸易和投资治理体系是中国应对逆全球化的重要举措。首先，多哈回合谈判的停滞导致以WTO为基础的多边贸易体制受阻。美国在多边谈判中不积极、不主动、不作为，甚至持续阻挠WTO上诉机构新法官遴选，曾经作为WTO"皇冠上的明珠"的争端解决机构基本陷入瘫痪。层出不穷的巨型自由贸易区（FTA）进一步加剧了国际贸易规则的"碎片化"。以欧日经济伙伴关系协定（EU-Japan Economic Partnership Agreement，EPA）、CPTPP、USMCA等为首的巨型FTA正在重构全球贸易治理体系，多边贸易体制面临瘫痪的风险。其次，在投资规则谈判方面，多边投资协定一直"缺位"，双边投资协定层出不穷，规则内容相互冲突，"意大利面碗效应"现象突出。当前贸易投资规则的机制"封闭化"、规则"碎片化"，会导致全球经济的"治理困境"。习近平总书记在十九大报告中明确指出，中国支持多边贸易体制，推动建设开放型世界经济。在具体实践方面，中国通过"诸边谈判"推动"多边谈判"，努力在G20、上海合作组织、RCEP和金砖国家等合作平台上呼吁建立全球投资规则。

（二）中国参与国际经贸规则的基本逻辑

中国推进制度型开放需要围绕"三对关系"的基本逻辑展开。一是安全与开放的关系，二是对接性开放与主动性开放的关系，三是产业开放与数据开放的关系。制度型开放的现实路径就是不断寻找这三对关系趋近和融合突破口的发展路径。

1. 安全与开放的关系

安全与开放是一种对立统一的关系，我们既不能为了所谓的绝对安全就惧怕开放、放弃开放，也不能只求开放而毫不设防，完全忽视国家的经济安全与发展利益，警惕将开放作为最终目标的错误倾向。目前中国在某些领域的监管仍不到位，国内制度建设不够完善，还无法抵御和化解相关领域开放所带来的风险。成本与收益不匹配导致中国现阶段接受部分高标准规则条款的难度较大，但是解决这些问题是中国进一步开放、进一步融入全球经贸治理体系、进一步提升话语权的必然要求，与中国的改革同向而行，符合中国未来的发展利益。中国可以通过深化改革达到CPTPP和DEPA的规则标准，接受高标准的开放条款。开放的大门越开越大，这也对中国的国家安全和产业安全构成了挑战。越是开放越要重视安全，在开放中保证安全，就要做到有效监管，构建更加成熟、稳定、可预期的制度环境，这也是保证开放行稳致远的前提。

2. 对接性开放与主动性开放的关系

基于相对开放水平的差异，可以将开放划分为对接性开放与主动性开放两种模式。以当前瞄准的高标准经贸规则（CPTPP或DEPA）所要求的开放水平作为基准线，对接性开放要求达到的开放水平一般不会超过基准线，而主动性开放则要求开放水平必须位于基准线以上。制度型开放是一种渐进式的开放，中国推进制度型开放意味着对接性开放与主动性开放会并存。在对标高标准经贸规则的过程中，中国既可以选择对接性开放，也可以在达到基准线要求的基础上"更上一层楼"，主动扩大开放。对接高标准的经贸规则绝不是简单地遵循和模仿相关规则文本，"毕其功于一役"，而是要基于中国的实际发展情况，针对具体的内容，"因地制宜，循序渐进"，设定不同的开放目标、选择不同的开放模式、确定不同的开放进程。

3. 产业开放与数据开放的关系

随着数字经济向纵深发展，数字贸易规则逐渐成为当前国际经贸规则重构的重要内容。目前各国顺应数字经济发展的时代潮流，正在以更加开放的态度参与数字贸易规则的谈判，未来会陆续提出更为开放的跨境数据流动方案。经济活动产生海量的数据反过来也会驱动新的经济活动，产业开放与数据开放已经不可分离。一方面，产业的开放催生了数据开放的需求，产业的开放尤其是服务业的开放催生了跨境收集和处理用户信息的巨大需求；另一方面，数据开放需要以产业开放为依托，由于数据已经渗透到各行各业的方方面面，很难将数据的开放框定在某个具体的部门之中，数据的开放容易引发行业间的"连锁反应"，极有可能冲击整个产业的发展，因此需要在产业基础良好的地区率先试点开展数据跨境流动的安全评估，主动探索制度创新，总结可复制、可推广的成功经验，为其他地区推进数据开放提供有益的借鉴。

（三）中国参与国际经贸规则的具体方案

1. 主动加入封闭式诸边贸易协定

（1）正确认识诸边贸易谈判

中国作为WTO政策体系的重要参与者，应在"发展"和"公平"两个方面做好平衡。一方面，中国应坚决维护多边贸易体制，在坚持不改变WTO基本原则、以发展为核心、兼顾保证发展中国家发展利益、坚持"协商一致"决策机制的基础上，与各成员共商共议，维护WTO规则体系的非歧视性与开放性，推动WTO决策治理模式向着更加合理、有效的方向发展；另一方面，中国要正确认识诸边贸易谈判的相对独立性，不能反对封闭式诸边贸易协定，应积极加入诸边贸易谈判，针对无法实现"协商一致"的议题，采取诸边谈判方式，合理运用"WTO协定"中所规定的诸边贸易协定灵活程序，为协定谈判多边化可能性做出更多重要贡献，为全球国际竞争营造公平稳定的环境。

（2）完善出价清单，尽早加入GPA

中国应积极参与发达经济体的封闭式诸边贸易谈判，主动对接高水准国际规则，把握制定规则的主动权，有选择地接受发达国家高水平的经济规则标准，寻找与发达国家可能的利益交汇点，防止发达国家利用诸边贸易协定在多边贸易谈判中形成两套"相互割裂"的规则体系。在某种意义上，GPA（The Plurilateral Agreement on Government Procurement）是中国加入由发达国家主导的封闭式诸边贸易协定的"试金石"和"敲门砖"，中国越早加入GPA，需跨越的制度门槛则越低。中国需要在保障国家经济安全基础上，进一步完善出价清单，加快国内配套制度的建设，为尽早加入GPA做准备。

（3）加强与欧盟等经济体的政策协调

欧盟等发达经济体虽然在WTO改革中高度重视美国的主张，但并不支持美国阻挠争端解决机制运行与单边主义的行径，欧盟更是提出了立场明确的WTO改革方案，主张建立"去霸权化"的规则体系。中欧尽管在多边改革议题中有分歧，但在诸多领域仍存在合作空间。中国可就电子商务、网络安全、贸易与环境治理、能源与科技等包含共同利益的议题，主动向欧盟发起合作要约。具体而言，针对仍未达成最终协议的电子商务与环境可持续等前沿议题的谈判，中国应主动联合欧盟等发达经济体，积极引领谈判方向，推动谈判进程。

（4）主动履行开放式诸边贸易协定义务

一是中国既要积极履行现有的、已经达成的开放式诸边贸易协定的义务，也要在未来开放式诸边贸易协定的义务履行中"率先垂范"，发挥好开放式诸边贸易协定"关键大国"的作用，与发达国家求同存异。二是主动引领广大发展中国家扩大开放，积极参与制定自由公平的国际经贸新规则，维护发展中国家参与国际经贸规则谈判的权利，提高发展中国家的谈判能力，转变其"搭便车"的习惯性思维，为构建开放透明、自由平等的国际贸易秩序提出"中国方案"。三是在谈判过程中积极提出中方提案，未来提案既要符合中国当前的经济发展水平，也要体现大国的责任担当。

2. 推进数字贸易领域的制度型开放

（1）加快推进国内数字经济治理体系的建设

妥善处理政府与市场之间关系。完美的市场并不存在，政府作为市场秩序和数据安全的"守门员"，需要在监管中做到"积极有为"，但监管要有"度"，过度监管反而会扰乱正常运行的市场秩序，挫伤市场主体参与数字经济发展活动的积极性。在加快建设国内数字经济治理体系、增强监管有效性的过程中，要始终坚持"开放是底色，监管是例外"基本原则，明确政府监管的边界，做到合理有效监管。

明确开放的范围与开放的程度。中国推进数字贸易领域的制度型开放，需要在明确自身规制利益的基础上对现有的高标准规则"求同存异"，在反复权衡后明确是否开放。对于接受难度较小的规则条款，要确定开放的范围和开放的程度，考虑实现主动性开放的可能性；而对于接受难度较大的条款，可以设定5—10年达到对接性开放的过渡期，对外释放明确的政策预期，对内夯实数字贸易发展的制度性安排，通过加强顶层设计，不断分解矛盾，以特殊政策突破现有体制的束缚。

完善数据流动监管的立法工作。一是面对欧盟GDPR和美国《澄清境外数据的合法使用法案》（The CLOUD Act，CLOUD）强化对域外数据控制的意图，应当尽快出台阻断欧美"长臂管辖"的国内法律，对其不合理的域外管辖进行反制；二是督促地方政府尽快将数据的管理办法列入本省立法工作计划，并制定配套的实施办法。针对数据确权、数据交易规则、数据跨境流动等关键问题出台地方法律法规细则，明确商业利用个人信息的合法方式，形成完备的个人信息商业利用制度闭环。

（2）加强区域数字贸易规则谈判与治理合作

积极拓展"数字贸易朋友圈"。截至2022年12月，中国已经和全球26个国家和地区签订了19个自由贸易协定。相较于早期的"增量"工作，对自贸协定"提质"的升级谈判成为如今的核心要义，引入高标准的国际经贸规则新议题成为未来的主要内容。在双边层面，中国可以在正在进行和正在研究的RTA谈判中加入数字贸易章节，并努力推进该议题的达成，也可以在升级已签署但不涉及数字贸易章节的RTA谈判时加入数字贸易议题；在区域层面，亚太地区已经成为大国数字贸易规则博弈的新战场，大量双边和区域贸易协定的签订引发了数字贸易领域的"意大利面碗效应"，不但显著地增加了企业开展数字经贸合作的成本，还加剧了数字贸易规则的"碎片化"，提高了规则整合的难度。

与此同时，美国正积极推进"印太战略"，对中国与周边国家和地区的数字贸易合作构成了一定的挑战。中国亟须融入亚太地区的"数字贸易朋友圈"，积极推动亚太地区数字贸易规则的谈判进程。一是需要把握好RCEP带来的机遇，虽然RCEP规定的数字贸易开放水平明显低于CPTPP和DEPA，但是作为全球最大自由贸易协定，RCEP的签署不仅可以有力地推动亚太地区数字贸易的发展，推进中日韩自贸区谈判，还能产生一定的制度性推动作用，促进亚太地区内部的规则协同。二是在设置数字贸易谈判议题时，中国需要选择各国共同关注且有可能达成一致的议题，兼顾不同国家的数字贸易发展水平，中国可以寻求与自身发展诉求接近的发展中国家的支持，并与发达经济体加强对话与协作；在多边层面，中国继续坚定地支持WTO在电子商务领域的谈判，积极承担数字经济时代的作为大国的责任，成为WTO发展中成员与发达成员沟通的"桥梁"，这有助于WTO充分发挥协调作用，推动发达国家利用自身的数字经济发展优势向发展中国家提供数字基础设施建设援助，帮助发展中国家消除"数字鸿沟"。

增强数据跨境流动治理的国际合作。数据跨境流动的治理涵盖境内与境外两个难以割裂的环节。现阶段由于中国在部分核心议题上与美欧等发达国家之间观点分歧较大，数据跨境流动的"中式模板"很难推广到北美地区和欧盟。中国可以以推动"数字丝绸之路"深入发展为契机搭建"数字贸易朋友圈"。为了广泛开展数字经济合作，中国与共建"一带一路"国家开展跨境数字基础设施建设合作，在保障网络基础设施互联互通的基础上，与共建"一带一路"国家共同探索构建数据跨境流动的治理规则，并将最佳实践制度化，最终升级为数字经济协定，从而推广融入中国元素的"中式模板"，循序渐进地增强中国在数字贸易领域的制度性话语权。

3. 做好国内价值链和国际价值链协调

为顺应全球价值链发展新趋势，促进我国产业链向全球价值链中高端迈进，中国需要抓住新的发展机遇，实现国内价值链、区域价值链以及全球价值链的"三链重构"。

首先，加快对内开放和区域协同，构建国内价值链。如今，国内价值链的重要性日趋明显，已经开始超过全球价值链。具体而言，中国可以从以下四个方面实现国内价值链的构建。一是降低国内市场分割，延伸和拓展全球价值链的国内环节，推动国内区域价值链分工的协同升级。二是推动北方城市群建设，将济南—青岛、沈阳—大连等提升为国家中心城市，虹吸创新要素集聚。三是推动北方地区投资驱动的重化工分工链条的升级，加快构建新的价值链。四是充分利用长江经济带，将长江三角洲城市群、长江中游城市群、成渝城市群培育为世界级城市群，实现梯度型产业体系的充分利用。

其次，加快构建区域价值链，应对美国可能的强制性脱钩。中国要加快推进加入CPTPP的谈判进程，倒逼国内改革，实现深度开放。同时，从"东西南北"四个方向共同发力构建区域价值链。东部沿海地区应注重加强与日本、韩国区域链的构建，构建环渤海经济圈，并充分利用RCEP，加快推进中日韩FTA谈判；利用"一带一路"推进"向西开放"，发挥其"内外联通"的枢纽作用；借助粤港澳大湾区，增进与东盟的深度合作；促进交通、能源等基础设施建设，打造"中蒙俄经济走廊"。

最后，把握全球产业变革和新一代技术革命的机遇期，融入全球创新链。全球价值链分工的深度演进推动了中国融入全球分工体系，但也面临着"低端嵌入"和"低端锁定"的发展困境，而提升创新能力，全方位融入全球创新链正是解决这一问题的关键所在。因此，中国应当建立创新联盟以降低创新成本，加快创新资源集聚以提高创新效率，发展金融科技以支持企业创新，加快推进中欧技术合作以应对美国技术封锁。此外，中国要建立自己的技术标准，从而掌握国际话语权，还要梳理和评估中国的研发补贴效果，提高研发补贴的"合理性"和"合规性"。

4. 参与应对环境与气候问题的规则谈判

环境与气候问题一直都是全球治理的难题。环境与气候治理的国际规则和标准制定需要充分考虑发展中国家的发展权益。作为最大的发展中国家，在经贸规则谈判中，中国始终站在发展中国家的一边。中国需要积极参与应对环境与气候变化的国际谈判。习近平总书记提出，共同但有区别的责任原则是全球气候治理的基石。发展中国家的环境与气候治理行动首先是基于发展中国家自身可持续发展的需要。

借鉴欧盟碳边境调节机制（Carbon Border Adjustment Mechanism，CBAM），

提前研究中国碳边境调节税措施。中国应充分研究欧盟碳边境调节税征收办法，尽快制定碳边境调节税国内规则，抢占国际话语权。首先，可以在我国自贸区、自贸港先行先试，对低碳产品降低关税，加大低碳中间品进口进而降低最终品的碳含量；其次，如果中国征收碳边境调节税，所得收入应支持能源产业；再次，在碳边境调节税规则成型后，适当向"一带一路"、区域全面经济伙伴关系协定（RCEP）国家推广；最后，对受贸易冲击大的行业免费分配部分配额。在中国碳排放交易市场建设时也要考虑对受贸易冲击较大行业的影响。可以参照欧盟的做法，在未来逐步提高拍卖比例的同时，免费分配给化工、钢铁、玻璃等行业部分配额。

中国也需要进一步加强同发达国家在气候治理方面的合作。利用中欧环境与气候高层对话、世界贸易组织等多边平台与欧盟开展沟通协调，加深对彼此的理解，在具有共同利益的条款上，尽快推进谈判，在存在利益分歧的条款上，寻求利益的最大公约数。与此同时，坚决反对打着环境保护为由，行贸易保护主义之实，警惕欧美形成"小圈子"。

六、附录

（一）WTO规则的"三元悖论"与诸边贸易协定：困局与破解[1]

近年来，诸边贸易谈判为举步维艰的世界贸易组织谈判注入了新动力。2020年12月，参与电子商务诸边谈判的86个成员宣布电子商务谈判取得实质性进展；2021年12月，由59个WTO成员发起的"服务贸易国内规制"诸边谈判达成重要成果，该协定由中国、欧盟与美国等67个WTO成员参与，覆盖了全球服务贸易的90%。诸边贸易谈判参与方通过绕开分歧明显的谈判成员，优先与存在较大共同利益的贸易伙伴达成一致，从而先行制定贸易新规则。诸边贸易谈判是未来WTO谈判可能的改革路径与发展方向。那么诸边贸易谈判如何缓解多边贸易谈判的难题？诸边贸易谈判的"中国方案"又该如何制定？这是本文要讨论的核心问题。

多边贸易协定要求遵循非歧视性原则，全体WTO成员共同决策。然而，一方面数字贸易等新业态方兴未艾，各国面临更复杂的国内监管与协调成本；另一方面在传统议题领域，"一揽子协定"中各国之间的交换筹码越来越少。在此背景下，多边贸易协定这一"顾全大局"的全球治理模式并不能适应各国在公共政策上的平衡，此时具有非全局性的区域贸易协定与诸边贸易协定成为

---

① 本文系刘斌老师和刘玥君博士发表在《欧洲研究》的文章，2022年第6期。

谈判难度更低的多国合作模式。①从谈判时间看，与区域贸易协定相比，诸边贸易协定各轮次谈判周期相对较短、谈判成果落实效率较高，这主要是由于诸边贸易协定拆解了"一揽子协定"，具备议题单一、成员共同利益明显的特征。诸边贸易协定既不存在明显的地域性，也不排斥发展中国家的广泛参与，一定程度上兼顾了谈判的"公平"与"效率"。

然而，尽管诸边贸易协定能够部分克服多边贸易谈判的困境，但与此同时，也相对提升了谈判成本，进而引致对国际经贸规则公平性的质疑。一方面，封闭式诸边贸易协定仅是建立了符合少数发达经济体利益的经贸规则，导致欠发达国家被"边缘化"；另一方面，即使部分诸边贸易协定具有开放性，允许非协定方加入后续谈判，但开放式诸边贸易协定所要求的"关键多数"标准也很难在所有议题中达成，且"搭便车"的成员无法事前参与规则制定。这都将导致新的"悖论"产生。如何进一步提升诸边贸易协定的有效性与公平性，使其成为促进多边谈判改革的最优路径，是未来WTO改革的重要议题。

1. WTO基本矛盾的分析框架："三元悖论"的视角

在WTO的运行机制中，"协商一致""一揽子协定"与"严格执行"②是多边贸易谈判陷入困局的重要原因。"协商一致"是指只要没有任何WTO成员提出反对，即意味着提议通过、共识达成，这无疑保证了实力较弱的小国享有与大国相同的决议权。而"一揽子协定"是"协商一致"原则的延伸，即WTO成员共同协商和同时接受"一揽子"谈判议题，以维护多边贸易规则的公平性与完整性，之后加入的成员也必须遵守"一揽子协定"的相关规定，从而防止出现"搭便车"的行为与多边贸易规则"碎片化"的倾向。实际上，"协商一致"与"一揽子协定"原则始终贯穿于WTO的发展历程中，是WTO"成员驱

---

① 本文的诸边贸易协定不仅包括了WTO规则附件四中的协定，也涵盖了更广义的协定范围，即部分"志同道合"的WTO成员针对特定单一议题开展谈判后达成的贸易规则。协定谈判方数量多于两个成员、少于WTO全体成员，且协定仅对接受它的成员具有约束力。

② 本文的"严格执行"概念是宽泛意义上的定义，即所有协定参与方必须严格遵守协定规则，不允许存在特殊与差别待遇，这就要求协定是具备完备性、明晰性的完全契约，以保证协定实施的有效性。但现实中并不存在完全契约，因此"严格执行"目标很难企及。

动"的具体表现。不可否认，在 WTO 成立前期，"一揽子协定"可以为各成员达成"协商一致"提供讨价还价的"筹码"。而随着 WTO 成员数量的不断增多，以及可供利益交换"筹码"的减少，被"一揽子协定"原则"捆绑"的各项议题很难在全体成员间达成共识。

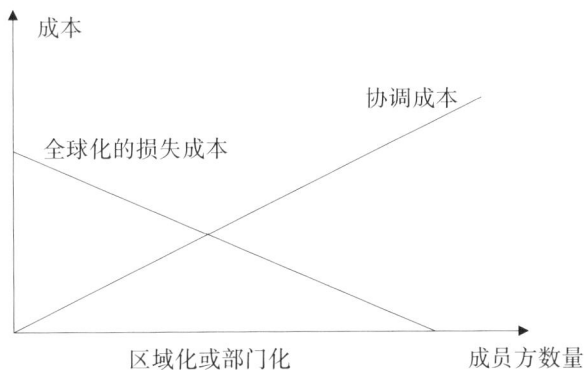

图6-1-1　成员数量与谈判成本的博弈关系

注：图由作者自制。

如图 6-1-1 所示，根据集体决策规则中"一致同意规则"理论，[①]集体决策的达成需要全体参与方一致同意，从而保护参与方的决策权利，防止"搭便车"行为造成的不公平。但事实上，随着决策议题与成员的增加，很难获得全体成员的整体一致，成员间的协商成本也将持续增大。因此，一般情况下，在贸易协定的谈判过程中，若不考虑谈判成员的经济实力差异与再分配能力等情况，成员数量增多往往带来"全球化损失成本"[②]的降低，同时各成员间谈判协调的成本随之增大，当协调成本与全球化损失成本处于均衡点时，全体谈判成员无法同时在保证全球贸易自由化与严格控制协调成本的条件下达成多边贸

---

① "一致同意规则"，也称"一致性规则"或"全体一致投票规则"，指的是一项决策或议案，须经全体投票人一致赞同才能通过的一项投票规则。一致同意规则实行的是一票否决制，按照该规则取得的集体决策能够满足全部投票人的偏好，也就是该决策可以满足至少一个人的偏好而又不损害其他任何一个人的偏好。

② "全球化损失成本"指对全球化进程产生阻碍的成本因素，成员方数量越多，则达成包含所有国家的最终全球化的可能性越大，反对全球化的势力越少，阻碍全球化的成本相应减小。

易协定，此时"区域化"和"部门化"的贸易协定将更具谈判效率。

根据上述分析，目前WTO"一揽子协定"不适应复杂的贸易形势，各国难以实现"协商一致"的普遍共识，WTO运行机制出现"三元悖论"，多边贸易体系面临深层次危机，国际贸易规则向区域化、诸边化演变。现有文献指出了WTO"三元悖论"的核心冲突，但对冲突的内在根源缺乏理论分析，本文论证了WTO"不可能三角"的内在机理，从理论上分析了WTO运行机制面临的矛盾（图6-1-2）。

具体而言，在"严格执行"的背景下，体现WTO成员公平的"协商一致"原则与维持协定完整性的"一揽子协定"面临极大的矛盾。首先，如果同时做到"普遍规则"与"多边共识"，则"严格执行"无法实现，即当协定议题范围较大时，如果希望兼顾协定公平性，则必须牺牲一定的效率。效率的牺牲：一方面体现在"一揽子协定"的谈判过程中，谈判很可能被无限期拉长；另一方面体现在"一揽子协定"的执行过程中，由于协定成员发展水平的差距，无法要求全体成员以同一执行水平履行承诺。如多哈回合的"早期收获"，即"巴厘一揽子协定"在贸易便利化等多方面做出了规定，尽管协定内容十分丰富，但无法准确界定每个经济体贸易便利化的开放水平，也就难以明晰协定签订后的各方义务，无法做到如关税削减和市场准入的"严格执行"。

其次，在"普遍规则"与"严格执行"兼备时，不得不放弃"多边共识"。由于发展水平与发展道路不同，利益集团往往存在不同的谈判诉求。WTO成立初期，各国达成一致的过程一般由发达国家主导WTO规则的制定，为了让更多的国家加入，发达国家做出一定程度上的利益让渡，最终达成与表面诉求一致的共识。而随着新兴经济体实力日益增强，新兴经济体不再愿意被动接受发达国家设定的规则，而是想要主动表达自身的利益诉求，国家间的利益冲突越发尖锐，"多边共识"难以达成。即使WTO形成了完全契约的"普遍规则"，在"严格执行"的约束下，也不能保证这些规则能够被全体缔约方接受。因为共识达成需要WTO这一"全球政府"权衡"俱乐部"内各利益集团的权力分配，尽管全面明晰的贸易协定可能有利于整体经济发展，但各成员为了追求自身利益，会行使否决权，反对协议中损害其自身利益的条款。

最后，如果一套规则体系既是"多边共识"的结果，又能够做到"严格执行", 将难以实现"普遍规则"。现有的 WTO "普遍规则"是一种不完全契约, 日益增多的非传统贸易议题尚未完全纳入 WTO 规则治理范围, 这也是目前 WTO "普遍规则"的重要缺陷, 即定位不清, 无法准确识别争端解决主体, 而这一缺陷正是"多边共识"与"严格执行"共同满足时不可避免的结果。如果进一步将某些议题纳入 WTO "普遍规则"之中, 并且通过"一揽子协定"的方式扩大 WTO 的约束范围, 则无法取得部分国内贸易及监管规制尚不完善的发展中成员的共识, 难以保证协定的公平性。即使取得了"多边共识", 也很难确保经济实力差异巨大的各成员以同一标准执行协定。而如果始终局限于保持各国已达成共识的传统贸易领域的谈判成果, 则 WTO 治理规则将无法解决与日俱增的非传统贸易问题, 从而引发其多边治理有效性的危机。另外, 在"严格执行"的情形下, 各国出于自身利益考虑, 不愿意讨论不存在谈判初步成果的新贸易议题, 在谈判中难免"出价"不足, 由此难以保证协定内容的广泛性与充分性。因此, 在"公平"与"效率"的博弈下, "多边共识"与"严格执行"的目标决定了 WTO 规则体制难以形成真正意义上的"普遍规则"。

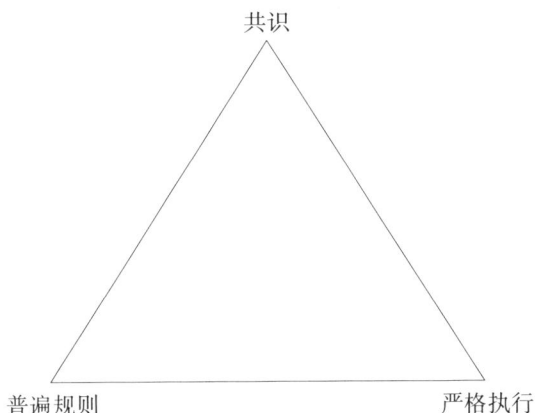

图 6-1-2 WTO 运行机制陷入"不可能三角"

注: 图由作者自制。"共识"对应"协商一致"原则,"普遍规则"对应"一揽子协定"原则。

2. WTO "三元悖论"的破解方案: 诸边贸易协定的路径

如何破解运行机制的"三元悖论"是解决 WTO 基本矛盾的关键。诸边贸易谈判通过放宽"多边共识"的要求, 将"普遍规则"转变为"局部规则", 在一定范围内克服了 WTO 的"三元悖论"难题。由于诸边贸易谈判具备难度低、周期短、效率高、政治性弱的特点，近年来，逐渐成为WTO成员缓解多边贸易谈判"停滞"困局的有效路径。

实际上，诸边贸易协定可追溯到1947年"关税及贸易总协定"（General Agreement on Tariffs and Trade，GATT），国际贸易规则的演进按照"国内制度—诸边协定—多边化"的路径进行。第二次世界大战之后至20世纪70年代，美国是世界经济霸主，为满足其国内市场扩张的需求，推动构建自由贸易体系。此时全球贸易体系是一种具有等级化特征的"内嵌性自由主义"，[①]即政府一方面强调自由贸易的开放性与流动性；另一方面主张通过政府干预减轻自由化带来的国内财富分配不均的问题。美国、欧洲位于多边贸易体制的权力中枢，仅有能够跨越高准入门槛的发达国家才能以"对等与互利"的方式参与多边体系，而欠发达国家被排除在外。20世纪70年代至90年代，"布雷顿森林货币体系"（Bretton Woods system）瓦解，欧共体成为独立谈判方，日本与东亚经济体迅速崛起，以往被排除在外的发展中经济体开始进入全球治理体系。尽管美国的霸权治理受到一定挑战，但此时的议题设置与决策仍由美国掌控，欠发达国家以"搭便车"的形式被纳入到协定之中。1979年，在GATT东京回合谈判中，《政府采购协定》（GPA）就继承了GATT发达国家占主体的特征。20世纪90年代至21世纪初，GATT在乌拉圭回合谈判后，WTO于1995年1月1日正式成立。随着两极格局瓦解、现代信息技术进步，以及资本与技术跨区域传播，世界经济呈现全球化趋势。WTO在推动全球化方面发挥了不可替代的作用，在积极推动多边谈判的同时，部分WTO成员开始重视诸边贸易协定，于1997年达成《信息技术协定》（*Information Technology Agreement*，ITA）。与带有政治色彩的区域贸易协定相比，诸边贸易协定没有明显的政治目的，更有利于维护WTO主导的多边贸易体制的公平性与经济性。21世纪初至今，世界经济格局向多极化发展，国际秩序进入"竞争性多边主义"阶段。在去等级化的竞争模式下，以中国为代表的发展中国家自主开放国内市场的意愿提升，集体

---

① John Ruggie，"International Regimes，Transactions，and Change: Embedded Liberalism in the Postwar Economic Order，" *International Organization*，Vol. 36，No. 2，1982，pp.379-415.

谈判能力提高，成为多边主义的主要捍卫者。这一时期，由于有能力对单一议题行使否决权的经济体数量增多，迫使很多谈判议题从发起阶段就必须考虑包容性。因此，发达经济体没有意愿进行单向的开放，而是希望通过联合开放意愿较强的发展中国家，推动多边进程。在这一阶段，以 WTO 服务贸易国内规制谈判为代表的诸边贸易谈判成为贸易谈判的焦点。

图 6-1-3 展示了历次诸边贸易协定。诸边贸易协定可分为封闭式诸边贸易协定与开放式诸边贸易协定。封闭式诸边贸易协定对不接受协定的成员并不产生约束力，如《政府采购协议》（GPA）与《民用航空器贸易协定》（*Agreement on Trade in Civil Aircraft*，ATCA），二者现行有效；开放式诸边贸易协定的谈判成果惠及所有 WTO 成员，如《信息技术协定》（ITA）等。

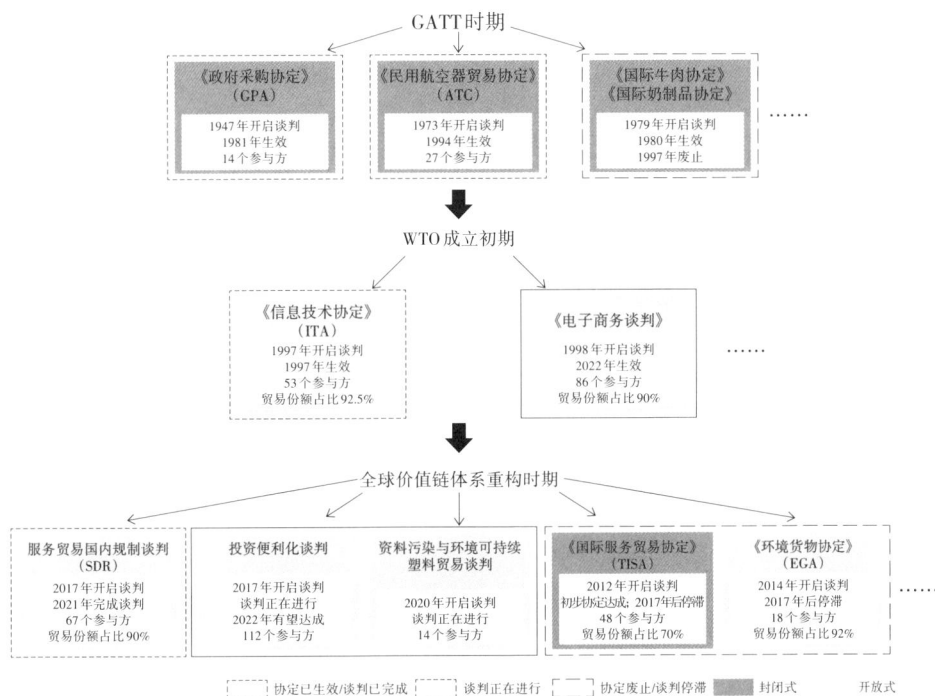

图 6-1-3　历次诸边贸易协定统计

注：图由作者自制。图中时期的划分以诸边贸易协定开启谈判时间为依据。

3. 诸边贸易协定兴起的原因

国家相对实力的变迁、全球生产分工模式的演进与公共产品的供需矛盾共同决定了诸边贸易协定的产生和兴起。

第一，国家相对实力的变迁改变了贸易协定的谈判模式。图6-1-4展示了在几个不同阶段贸易谈判的演进路径。第一阶段，发达国家处于绝对优势地位，且人均GDP处于上升趋势，发展中国家处于弱势地位，并不存在绝对优势行业。因此在贸易谈判中，为了追求利益诉求的表面一致，发达国家允许发展中国家通过"搭便车"的方式与其达成共识。此时谈判的议题多以削减关税为主，多边贸易谈判难度相对较低，贸易治理体制处于多边贸易协定区域，这种情形一直持续至发达国家的经济实力达到顶峰，即经济实力增长饱和点A。第二阶段，发达国家经济增速下滑，部分发展中国家实力不断提升。此时发达国家迫于国内压力，不愿意让全部发展中国家"搭便车"，要求有意愿的发展中国家向发达国家"公平"开放国内市场，但发达国家可以给予这些发展中国家部分例外，即就部分行业的开放问题展开谈判，此时协定仍具备最惠国待遇特征，贸易治理体制进入开放式诸边贸易协定区，这一情形持续至发展中国家的经济实力达到增长饱和点B。第三阶段，发达国家经济发展速度继续下滑，其不再愿意给予发展中国家任何例外，各方经贸规则进入封闭式诸边贸易协定区域。

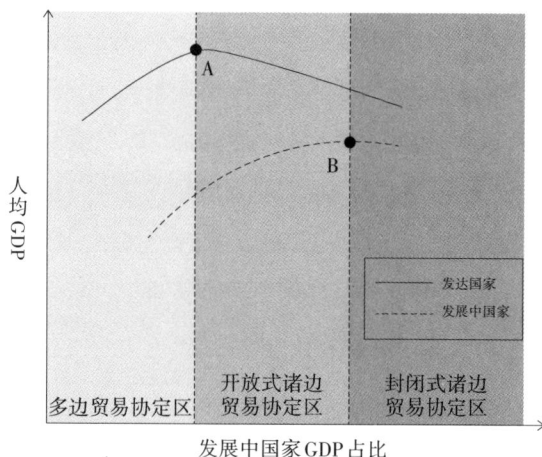

图6-1-4　国家实力基础变迁

注：图由作者自制。

　　第二，贸易谈判模式随着全球生产分工模式的演进而变化。贸易谈判是以全球生产分工的对象为目标，通常来看，贸易谈判模式的调整要滞后于全球生产分工的演进。以 WTO 为代表的经济组织需要根据经济基础的变动做出相应调整，以达到"上层建筑与经济基础"的适应。如图 6-1-5 所示，目前全球生产分工模式经历了两次变革。第一次变革始于 20 世纪 50 年代，在这次变革中世界迎来了商品全球化的阶段，第一次工业革命使阻碍经济全球化的运输成本大幅下降，显著提升了各国间商品交易的速度。"二战"后，GATT 的签订削减了协定成员在关税等传统议题方面的贸易壁垒，促进了全球贸易分工，初步建构了全球经济治理体系。第二次工业革命进一步降低了知识与信息的传播成本，在 20 世纪 90 年代后，出现了第二次全球生产分工的变革，即产品由全球不同国家共同生产。跨国公司将研发、制造、销售等生产工序外包给更具要素禀赋的其他国家，形成了全球价值链生产分工体系。诞生在全球价值链初期的 WTO，规范了商品全球化的贸易秩序，促进了中间品贸易的发展。但随着全球价值链体系的不断发展，服务贸易和数字贸易成为全球生产分工的典型特征，

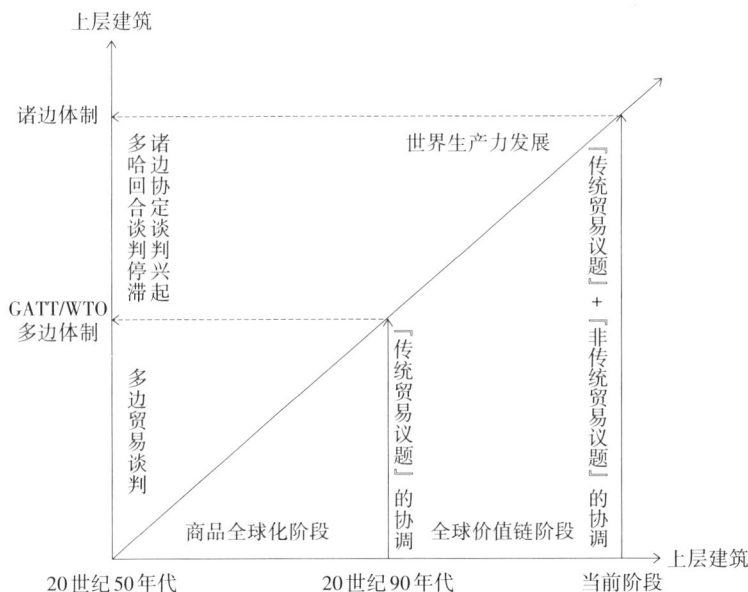

图6-1-5　全球生产分工模式变化

注：图由作者自制。

各种非关税壁垒层出不穷，以往多边贸易谈判中过度关注"边境议题"①的模式已不再适应全球生产分工的发展。复杂的谈判议题使WTO成员之间的共同利益空间缩小，WTO面临隐蔽化的贸易壁垒、复杂化的"涉贸易类监管"，以及与其他国际组织相冲突的监管边界，致使多边谈判遭遇障碍，WTO构建的上层建筑不能适应"协调边境内措施"的经济基础要求，此时诸边贸易协定成为更有效的替代方案。

第三，国际公共产品的供需矛盾加快了贸易谈判模式的更替。一方面，以往的全球公共产品主要由西方发达国家提供，可供其他国家选择的"全球治理"公共产品并不多。全球公共产品具有跨国界、外部性以及非竞争性特征，当一国从全球公共产品的供给中获得的收益大于提供此产品所花费的成本时，即使存在他国"搭便车"的行为，该国也会选择提供该全球公共产品。由于供给成本高昂，很少国家具备单独承担该成本的能力，这就造成了美国成为全球公共产品主要提供方的局面。但美国并不能完全供给使得世界全部经济体均受益的所有全球公共产品，由此导致了全球性供需不平衡的问题。另一方面，即使部分全球公共产品能够通过各国加总供应、区域合作供应或国际组织供应的方式解决成本负担问题，但这一集体行为避免不了的是每个经济主体都希望别人付出全部成本，而自身逃避成本负担的责任，严重的"搭便车"困境将导致公共产品不能高效提供，甚至无法提供。另外，受限于空间的复杂性与广泛性，国际公共产品的区域性供给并不能完全覆盖全体发展中国家或落后地区，导致了公共产品区域性供给不对称。为应对国际公共产品全球与区域供给的两类矛盾，各国纷纷寻求"弱政治化"与"去等级化"的治理机制，多方分担公共产品的供给负担，降低集体主义"搭便车"的负面影响，调和区域性贸易规则与多边治理体制之间的矛盾。在此背景下，具有"弱政治化、强经济性"特征的诸边贸易协定应运而生。

4. 诸边贸易协定克服WTO"三元悖论"的基本原理

诸边贸易协定主要通过放宽"多边共识"的要求，将"普遍规则"从"一揽子协定"转变为"单一行业协定"的方式，使得部分议题克服WTO运行机

---

① "边境议题"探讨的是边境措施规则，例如关税、配额与补贴等方面的议题。

制"三元悖论"的难题。首先，"成员驱动"始终是WTO规则的根基，诸边贸易协定通过放宽"多边共识"的要求，由一部分具有共同利益的成员，先行达成部分共识，从而避免WTO多边谈判机制僵化导致的决策停滞问题。其次，诸边贸易协定从单一议题谈判出发，谈判成本更低，谈判周期更短。不同成员组成的诸边贸易协定谈判组可以同时开展多个议题的谈判，使谈判时间与福利收益对等，进而解决多哈回合中由于某一领域的分歧导致的整个谈判停滞，增强新成员加入谈判的动力，推动WTO在新兴议题上的领导力，最终逐个破解多边谈判的困局。但由于封闭式、开放式诸边贸易协定的特性，不同类型的诸边贸易协定的作用机理各有差异。

（1）封闭式诸边贸易协定的作用机理

封闭式诸边贸易协定仅对接受协定的成员具有约束力，而对未接受协议的成员不产生权利与义务关系，由于封闭式诸边贸易协定不适用最惠国待遇原则，因此无需担心"搭便车"的问题，这意味着其满足了高标准、强约束力的特质。

当谈判参与方的数量在限定范围内时，谈判方的数量与各方的市场获益成正比关系，即在一定数量范围内，谈判方的增加能够扩展市场的开放边界，增大各国获得开放利益的潜力空间。但如果谈判参与方的数量超越该范围，过多的谈判者将导致谈判监督、磋商与时间等成本上升。因此，封闭式诸边贸易协定正是通过限制成员数量，从而减少多元化成员导致的复杂分歧，增加"协商一致"达成共识的可能性。但封闭式诸边贸易谈判的参与方始终固定，不能适用WTO最惠国待遇原则，其运作与生效带有排他性。这也意味着谈判成员是真正对协定议题有迫切利益诉求的群体，愿意并且能够承担协定义务，期望通过单一议题的高效谈判，促进协定尽快生效，减少贸易壁垒与契约成本。一致的履约能力与固定的成员数量也保证了条款的规范性，使协定文本的确定不必考虑任何协定外的国家。因此封闭式诸边贸易协定往往是高质量的严格合约，不仅有利于规范跨国贸易行为，也有利于国内规制改革，从而进一步提升国内市场体制的规范性与透明度。

（2）开放式诸边贸易协定的作用机理

开放式诸边贸易协定放宽了WTO运行机制"三元悖论"中的"多边共识"

"普遍规则"的要求，且允许"俱乐部"外的成员通过最惠国待遇享受诸边贸易协定开放的"红利"，即在"俱乐部"之中和之外实行非对称性开放。开放式诸边贸易协定签署方可将协定条款纳入GATT承诺表中，允许其他成员共享谈判成果，享受协定参与方的优惠政策，且不必履行相应的减税义务。但开放式诸边贸易协定为了减少"搭便车"的行为给协定方带来的损失，需要满足"关键多数"原则，即开放式诸边协议的"临界数量"要求。"关键多数"国家的贸易或经济份额占比达到全球的80%以上，这就极大降低了"搭便车"造成的损失。

开放式诸边贸易协定可以通过扩围谈判对协定进行补充和完善，由不完全契约理论[①]可知，即使参与者穷尽自身认知来评估现实及未来可能的变化，其事前机制也可能由于不可预知的复杂因素失去应有的效果。因此，契约签订方可在事前签订一个简单的契约，等事后再根据现实变化进行谈判，也就是以发展的眼光看待契约中各个参与方的共识。当前WTO规则的改革陷入僵局，已不能适应各成员间复杂的利益诉求及相对实力的变迁。开放式诸边贸易协定提供了一种渐进改革的新思路，针对某些难以达成全体一致的谈判议题，采取部分国家先行谈判达成一致，随后再与后续加入协定的国家展开新一轮谈判，不断完善协定文本、扩展协定管辖范围。这一"适时而变"的过程，不仅维护了前期发挥关键作用的发达经济体的利益诉求，还保障了谈判成果惠及更多国家，一定程度上可保护发展中成员的参与权与发展权。因此，核心成员先行先试形成协定文本，再通过最惠国待遇原则使其他发展中成员受益，这一试验性、渐进性的谈判方案是开放式诸边贸易协定的一般运作机制。

---

① 不完全契约理论认为，由于人们的有限理性、信息的不完全性及交易事项的不确定性，使得明晰所有的特殊权力的成本过高，拟定完全契约是不可能的，不完全契约是必然和经常存在的。

（二）RCEP的贸易和福利效应：基于结构模型的量化分析[①]

近年来，区域经济一体化发展迅猛。在国际政治经济形势日趋复杂的情况下，各主要大国推动形成了多种形式和范围的区域贸易协定。同时，中间品贸易日益成为国家间贸易的主要内容，各国的不同产业在价值链上下游依据投入产出关系分工合作、紧密关联。这意味着关税减让和区域经济一体化的作用机制更为复杂，影响也更加深远，需要在一个考虑了价值链关系的结构模型框架下进行估计和分析。

基于这一认识，本文基于全球价值链下的跨境分工和投入产出关联，构建一个多国多部门的一般均衡结构模型分析框架，并运用这一框架对中国参与的RCEP所可能产生的贸易和福利效应进行量化估计。RCEP于2020年11月15日正式签署，无论从经济总量、贸易总额还是人口总数上衡量，RCEP都是世界上最大规模的自由贸易区[②]，势必对我国、亚太乃至全球经济格局产生重大影响。同时，RCEP的成员国在经济体量、收入水平以及产业结构上差异很大，意味着李嘉图意义上依据比较优势进行分工贸易的福利改进空间巨大。RCEP的生效将如何加强区域内各国间贸易往来？对世界贸易和分工格局将产生怎样影响？进一步地，RCEP又将如何提高消费者福利水平？其作用机制是什么？

为了回答这些问题，本文基于Ossa（2014）构造一个多国多部门结构模型，并参考Caliendo和Parro（2015）引入全球投入产出关联，为研究RCEP对中日韩三国重点技术产业合作和我国产业转型升级的影响，本文还进一步在模型中考虑了重点技术产业的规模效益特征（Ju等，2019）。根据理论，一国的福利总水平可以定义为剔除价格因素后的居民实际收入水平。而贸易政策调整后，一国的福利水平变化率可以分解为四个部分，即贸易条件效应、利润转移

---

① 本文系秦若冰老师和马弘老师发表在《数量经济技术经济研究》的文章，2022年第9期。

② USMCA覆盖人口4.9亿，经济总量占全球经济总量的27%；CPTPP覆盖人口5.1亿，经济总量占全球经济总量的13%；RCEP覆盖人口22.7亿，经济总量占全球经济总量的30%。

效应、贸易额效应和规模效应；它们分别衡量了贸易条件改善、企业利润水平提升、贸易额增加和各部门生产规模调整对福利总水平的影响。进一步地，基于2015年全球投入产出表及2019年世界主要国家的双边贸易、关税数据，本文对模型参数进行校准，量化评估了RCEP框架下世界主要国家的福利效应和贸易格局变化[①]。

区域贸易协定的贸易和福利影响受到学界和政策层的广泛关注，相关文献大致可以分为三类：第一类文献运用简约式方法（reduced-form analysis）探讨了区域贸易协定对出口贸易、出口产品质量，以及区域价值链合作等的影响（陈雯，2002；彭冬冬和林珏，2021；孙林和周科选，2020；韩剑和许亚云，2021）。第二类文献则运用可计算一般均衡模型（computable general equilibrium model）对区域贸易协定的福利影响进行量化评估（Petri等，2012；Li和Yao，2014；李春顶等，2018），特别地，部分学者运用GTAP模型模拟了RCEP的潜在经济影响（刘冰和陈淑梅，2014；Li和Moon，2018），但是上述研究大多关注于数值模拟结果，对数值现象背后的理论机制关注较少，在贸易成本变化幅度上也未能和RCEP文本形成较好的对应，政策启示意义稍显不足。第三类文献通过构建结构模型（structural model）对贸易政策的经济效应进行了量化评估（Eaton和Kortum，2002；Eaton等，2011；Caliendo和Parro，2015；Caliendo等，2015；Ju等，2019）。与可计算一般均衡模型相比，结构模型有两点显著不同：第一，结构模型中深层参数的估计来源于模型结构（王子和周雁翎，2019），并且可通过精确帽子代数法（Exact Hat Algebra，Dekle等，2007），将均衡条件改写成变化率的形式，这将大幅简化模型的均衡条件，并减少了福利分析所需估计的深层参数的个数，在降低参数估计难度的同时，也一定程度上避免了参数估计偏误带来的不利影响；第二，相比于可计算一般均衡模型，结构模型能够通过对数线性变化对贸易政策的福利影响进行机制分解，从而便于探讨数值结果背后的理论机制（Caliendo和Parro，2015），因此是对贸易政策予以量化评估较为合适的工具。

---

① 结构模型允许我们对尚未发生的假设型问题（例如将要生效的贸易政策）予以分析评估（王子和周雁翎，2019），是比较合适的研究工具。

本文的主要贡献可总结为如下几点：第一，本文将结构模型运用到RCEP的贸易和福利效应研究中，与简约式方法相比，结构模型通过理论模型对实证结果进行指导和约束，并且能够对尚未生效的政策进行一般均衡福利分析；而与可计算一般均衡模型相比，结构模型能更为清晰地展示数据现象背后的理论机制。第二，本文基于RCEP框架下的关税减让承诺，量化估计了区域内贸易成本下降对世界贸易格局和各国福利水平的影响，并分析了福利水平变化的理论机制。尽管RCEP引起了学界和政策界的广泛探讨，但目前的讨论大多停留在理论和定性层面，本文的量化分析进一步丰富了该领域的研究成果。第三，本文在理论模型技术细节上有所突破，本文构建的多国多部门一般均衡结构模型，综合考虑了全球投入产出关联、生产资料间的替代程度差异和重点技术产业的规模经济特征，与现有全球投入产出一般均衡分析框架（Caliendo 和 Parro，2015）相比，本文放松了完全竞争市场下企业零利润的假设，考虑不完全竞争市场情境下区域贸易协定对各国企业产出和利润水平的影响，并且针对新兴高科技部门的特点，刻画了不同部门的规模经济特征差异，这使得我们能够探讨RCEP框架下对重点行业予以产业扶持的可能路径及其福利影响。

1. 理论模型

考虑一个由 N 个国家（用下标 i 或 n 表示）组成的世界，每个国家拥有的劳动人数用 Li 表示。劳动可在部门间自由流动，但是不可以跨国流动。假设有 J 个生产部门（用下标 j 或 s 表示），每个部门提供两类产品：中间投入品和最终产品。

（1）家庭部门

家庭部门由代表性消费者构成。来自 n 国的消费者基于产品价格 $(P_n^1, P_n^2, \cdots, P_n^J)$ 和收入水平 In 选择消费束 $(C_n^1, C_n^2, \cdots, C_n^J)$，以实现预算约束下的效用水平最大化。其中 C_n^j 代表来自 n 国的消费者对部门 j 的最终产品的消费数量，消费者效用函数 U_n 的表达形式为：

$$U_n = \prod_{j=1}^{J} C_n^{j\,\alpha_n^j} \tag{1}$$

其中，α_n^j 代表 n 国的消费者对部门 j 最终产品的支出份额，消费者面临的预算约束可由（2）式表示：

$$\int_{j=1}^{J} P_n^j C_n^j = I_n \tag{2}$$

（2）企业部门

企业部门由若干个中间投入品生产企业和最终产品供应商构成。其中，最终产品供应商以最低成本从全球采购中间投入品，并将其组装成最终产品提供给消费者。最终产品供应商对中间投入品的需求为：

$$q_{in}^j(\omega) = \left(\frac{p_{in}^j(\omega)}{P_n^j}\right)^{-\sigma_j} Q_n^j \tag{3}$$

其中，$q_{in}^j(\omega)$，$p_{in}^j(\omega)$分别代表i国j部门生产的中间投入品ω在n国的销售数量和价格，σ_j代表j部门内部各种中间投入品的替代弹性（$\sigma_j > 1$），Q_n^j为n国j部门提供的最终产品数量。

参照Ossa（2014）的设定，假设n国j部门共有M_n^j个中间投入品生产企业，且市场存在进入壁垒，企业无法自由进入或者退出市场[①]，因此M_n^j是外生决定的。每个部门内有若干个差异化产品种类，产品种类用ω表示，每个生产厂商在其所生产的特定产品种类上具有垄断势力，因此每个厂商对应生产一种差异化产品。生产技术$z_n^j(\omega)$是外生决定的，在不同国家和不同部门间存在差异，但在同一国家–部门内部是相同的。

中间投入品的生产需要使用两种要素，劳动和生产资料，后者来自本国组装的最终产品。n国j部门生产产品种类ω的单位成本可以表达为$c_n^j/z_n^j(\omega)$，其中c_n^j代表投入一单位要素的成本指数，它的表达形式如（4）式所示：

$$c_n^j = \frac{\Gamma_n^j}{(L_n^j)^{\psi_j}} w_n^{\beta_n^j} (P_n^{M_j})^{1-\beta_n^j} \tag{4}$$

其中，Γ_n^j代表与国家n和部门j特征有关的常数，L_n^j代表n国j部门雇用的劳动力数量，劳动报酬即为工资w_n，β_n^j代表劳动份额。参考Ju等（2019），我们引入高技术产业的规模效益特征，ψ_j代表部门j的外部规模效益弹性系数，

---

① 这一设定来自Ossa（2014），在这一设定下企业具有正利润，方便讨论贸易政策调整的利润转移效应，此时产出增长主要体现在内延边际（intensive margin），即厂商数量不变，每个厂商的生产规模会随关税政策调整而变化。倘若允许企业自由进入退出市场，并且生产具有固定成本，则产出的规模变化主要体现为厂商数量的变化，即外延边际（extensive margin）。

即单位成本随部门规模增加而下降的程度，对于资本密集型（如交通运输设备
和石油产品）和技术密集型（如电子设备和光学仪器）生产部门而言，其单位
生产成本将随规模扩张而显著下降，具有明显规模报酬递增的特征（ψ_j较大）；
同时，这些部门的单位成本下降还将通过投入产出关联进一步降低其他部门的
生产成本，具有正外部性。$P_n^{M_j}$代表 n 国 j 部门中间投入品生产所使用的生产资
料的价格指数，它的表达形式如（5）式所示：

$$P_n^{M_j} = [\sum_{s=1}^{J}(\delta_n^{sj})^{\mu_j}(P_n^s)^{1-\mu_j}]^{\frac{1}{1-\mu_j}} \tag{5}$$

其中，δ_n^{sj}是与投入产出系数有关的参数[①]，μ_j代表 j 部门使用的生产资料间
的替代弹性。

在贸易成本上，我们假设从 n 国向 i 国运输一单位 j 部门产品需承担（τ_{ni}^j -
1）单位的冰山成本（$\tau_{ni}^j > 1, if n \neq i$；$\tau_{nn}^j = 1$）。进口关税和出口关税分别用$t_{ni}^j$和
e_{ni}^j表示[②]。

基于上述假设，每个中间投入品生产企业在其生产的产品上具有垄断势
力，他们可以通过选择不同的定价策略来实现利润最大化的目标。对于 n 国 j 部
门的中间投入品生产企业而言，他们将产品出口至 i 国可获得的利润如（6）式
所示：

$$\pi_{ni}^j(\omega) = \max_{p_{ni}^j}\left\{\frac{p_{ni}^j(\omega)}{(1+t_{ni}^j)(1+e_{ni}^j)}q_{ni}^j(\omega) - \frac{c_n^j}{z_n^j}\tau_{ni}^j q_{ni}^j(\omega)\right\} \tag{6}$$

由一阶条件可以得到中间投入品生产企业利润最大化时的定价策略为：

$$\frac{p_{ni}^j(\omega)}{(1+t_{ni}^j)(1+e_{ni}^j)} = \frac{\sigma_j}{\sigma_j-1}\frac{c_n^j \tau_{ni}^j}{z_n^j} \tag{7}$$

n 国 j 部门生产企业获得的利润总和为：

[①] $\widetilde{\delta_n^{sj}} = (\delta_n^{sj})^{\mu_j}(P_n^s)^{1-\mu_j}\Big/\sum_s(\delta_n^{sj})^{\mu_j}(P_n^s)^{1-\mu_j}$代表 n 国 j 部门使用的来自 s 部门的生产资料所
占的份额。

[②] $e_{ni}^j<0$代表补贴：若$e_{nn}^j = 0, e_{ni}^j < 0(n \neq i)$特指出口补贴；若$e_{ni}^j = -0.05(\forall i)$则代表
对 n 国 j 部门的所有生产企业（包括出口企业和非出口企业）均给与 5% 的非歧视性生产
补贴。

$$\pi_n^j = \frac{1}{\sigma_j} \sum_{i=1}^{N} T_{ni}^j = \frac{1}{\sigma_j} \sum_{i=1}^{N} M_n^j ((1+t_{ni}^j)(1+e_{ni}^j))^{-\sigma_j} (\frac{\sigma_j}{\sigma_j - 1} \frac{\tau_{ni}^j}{z_n^j} \frac{c_n^j}{P_i^j})^{1-\sigma_j} Y_i^j \qquad (8)$$

其中 T_{ni}^j 代表 n 国 j 部门中间投入品生产企业将产品销往 i 国获得的销售收入，即不含关税的贸易额，$Y_i^j = P_i^j Q_i^j$ 代表 i 国 j 部门最终产品的总产值，由于最终产品直接由中间投入品"捆绑在一起"得到，Y_i^j 也是 i 国 j 部门在中间投入品上的总支出。

（3）一般均衡及模型求解

本部分将讨论市场均衡时需满足的条件。n 国 j 部门最终产品的价格指数可以表达成：

$$P_n^j = [\sum_{i=1}^{N} M_i^j (\frac{\sigma_j}{\sigma_j - 1} \frac{c_i^j \tau_{in}^j (1+t_{in}^j)(1+e_{in}^j)}{z_i^j})^{1-\sigma_j}]^{\frac{1}{1-\sigma_j}} \qquad (9)$$

n 国从 i 国进口的 j 部门中间投入品占其对 j 部门中间投入品支出总额的比重记为 λ_{in}^j，它的表达形式为：

$$\lambda_{in}^j = M_i^j (\frac{\sigma_j}{\sigma_j - 1} \frac{c_i^j \tau_{in}^j (1+t_{in}^j)(1+e_{in}^j)}{z_i^j P_n^j})^{1-\sigma_j} \qquad (10)$$

根据中间投入品生产企业的生产函数，n 国 j 部门对劳动力的需求 L_n^j 满足：

$$w_n L_n^j = \beta_n^j (\sigma_j - 1) \pi_n^j \qquad (11)$$

劳动力市场均衡时满足：

$$\sum_{j=1}^{J} L_n^j = L_n \qquad (12)$$

产品市场均衡时满足：

$$Y_n^j = \alpha_n^j I_n + \sum_{s=1}^{J} (1 - \beta_n^s) \frac{(\delta_n^{js})^{\mu_s} (P_n^j)^{1-\mu_s}}{\sum_{j'} (\delta_n^{j's})^{\mu_s} (P_n^{j'})^{1-\mu_s}} (\sigma_s - 1) \pi_n^s \qquad (13)$$

总收入 I_n 可分解为三个部分，一是劳动报酬即工资收入，二是税收收入，三是中间投入品生产厂商的利润，如（14）式所示：

$$I_n = w_n L_n + \sum_{i=1}^{N} \sum_{j=1}^{J} \frac{e_{ni}^j}{(1+e_{ni}^j)(1+t_{ni}^j)} \lambda_{ni}^j Y_i^j + \sum_{i=1}^{N} \sum_{j=1}^{J} \frac{t_{in}^j}{(1+t_{in}^j)} \lambda_{in}^j Y_n^j + \sum_{j=1}^{J} \pi_n^j \qquad (14)$$

n 国的价格总水平 P_n 为各部门价格指数的加权平均：

$$P_n = \prod (\frac{P_n^j}{\alpha_n^j})^{\alpha_n^j} \qquad (15)$$

参考 Dekle 等（2007）提出的精确帽子代数法（exact hat algebra），令任意变量 x 在贸易自由化后新的均衡水平上的值为 x'，那么贸易政策对 x 的影响即表现为 x 的相对变化量 $\hat{x} = x'/x$。通过对（4）—（15）式做上述变换，我们可以得到 RCEP 关税削减后新均衡情境下主要变量的相对变化量。

基于上述推导，经济的一般均衡可以由四个变量 $\{P_n^j, L_n, w_n, Y_n^j\}$ 定义，给定外生参数 $\{\psi_j, \mu_j, \sigma_j, \alpha_n^j, \beta_n^j, \widetilde{\delta_n^{ij}}, t_{ni}^j, e_{ni}^j\}$[①]，可求解上述内生变量的相对变化 $\{\hat{P}_n^j, \hat{L}_n, \hat{w}_n, \hat{Y}_n^j\}$，即价格指数变化、劳动投入变化、工资变化、总需求变化，进而测算外生冲击发生后世界各经济体贸易利得的变化。

（4）关税变化的福利影响

基于上述模型，可以推导出关税变化引致的新均衡情境下各国福利水平的变化。参考 Ossa（2014），本文将福利水平定义为各国实际收入水平，即 $W_n = I_n/P_n$。关税政策对福利水平的影响可以用福利水平的相对变化 $\hat{W}_n = \hat{I}_n/\hat{P}_n$ 表示。进一步地，我们对福利水平的变化率 $\Delta W_n/W_n$（即 $\hat{W}_n - 1$）做对数线性化近似分解（log-linear approximation）。在基准情境下，不考虑出口关税或补贴，即 $e_{ni}^j = e_{ni}^{ij} = 0$，进口关税变化对 n 国福利水平的影响可以分解为以下四种效应[②]：

$$
\frac{\Delta W_n}{W_n} \approx \underbrace{\frac{1}{I_n} \sum_i \sum_j \left(T_{ni}^j \frac{\Delta c_n^j}{c_n^j} - T_{in}^j \frac{\Delta c_i^j}{c_i^j} \right)}_{\text{贸易条件效应}} + \underbrace{\sum_j \frac{\pi_n^j}{I_n} \left(\frac{\Delta \pi_n^j}{\pi_n^j} - \frac{\Delta c_n^j}{c_n^j} \right)}_{\text{利润转移效应}}
$$
$$
+ \underbrace{\sum_i \sum_j \frac{t_{in}^j T_{in}^j}{I_n} \left(\frac{\Delta T_{in}^j}{T_{in}^j} - \frac{\Delta c_i^j}{c_i^j} \right)}_{\text{贸易额效应}} + \underbrace{\frac{1}{I_n} \sum_j (\sigma_j - 1) \pi_n^j \psi_j \frac{\Delta L_n^j}{L_n^j}}_{\text{规模效应}}
\tag{16}
$$

第一种效应即贸易条件效应，它衡量了关税政策变化后本国出口产品价格相对于进口产品价格的上升幅度，如果本国出口产品价格相对提高而进口产品价格相对减少，则本国的贸易条件得到改善，福利水平得到提升。第二种效应是利润转移效应，即本国产品出口数量增加带来的利润增长，及其对福利总水

---

① 当 $e_{in}^j = 0$ 时，$Y_{in}^j = T_{in}^j(1+t_{in}^j) = \lambda_{in}^j Y_n^j, \sum_{i=1}^{N} \lambda_{in}^j = 1$。

② 部分不随贸易政策变化而变化的外生参数如 $\{M_n^j, z_n^j, \tau_{ni}^j, L_n\}$ 在做精确帽子代数变换时被消掉，无须估计，这大大减少了模型所需估计的参数数量。具体可参考 Dekle 等（2007）。

平的提升效应。当该效应为正时，说明关税政策调整显著提高了本国出口产品的国际竞争力，部分利润由国外出口商转移至本国生产企业，本国的福利水平得到提升。第三种效应是贸易额效应，它衡量的是贸易额增长对本国福利的改进效应。如果关税政策调整显著促进了本国进口产品数量的增加，改善了居民的消费选择，本国福利将得到显著提升。第四种效应是规模效应，它衡量了不同部门的相对规模变化对本国福利总水平的影响。伴随关税政策的调整，劳动力会在部门间进行流动。不同部门的规模效益存在显著差异，规模效益较高（ψ_j较大）的部门，如高科技行业，生产成本随生产规模扩张下降的幅度更大，并可通过投入产出关联进一步降低其他部门的生产资料价格，具有显著的正外部性。如果贸易协定所带来的关税政策调整促进了劳动力从规模效益较低的部门流向规模效益较高的部门，那么生产要素的优化配置将会提升本国整体福利水平。

2. 数据与特征事实分析

（1）数据来源与参数校准

基于上文构造的一般均衡模型，我们可以估计RCEP框架下的关税减让对各国福利水平的影响。本文选用2019年的贸易额和关税水平作为基准情境，并将世界分为中国、日本、韩国、东盟、澳大利亚、新西兰、欧盟、美国和世界其他国家9个地区（N=9），将海关编码六位（HS6）产品分成61个可贸易部门（J=61），14个部门大类，部门的分类标准参考Ju等（2019）。

本文使用的数据主要包含双边贸易数据（T_{ni}^j）、双边关税数据（t_{ni}^j）、各国各部门的总产出（X_n^j）和增加值占比（β_n^j），以及全球投入产出表。其中，双边贸易数据来自于联合国贸易数据库（UN COMTRADE），双边关税数据来自于世界综合贸易解决方案数据库（WITS）和中国商务部网站公布的《区域全面经济伙伴关系协定》（RCEP）关税减让承诺表，其中东盟的关税水平由10个成员国的进口关税在HS六位编码上进行简单算术平均得到。总产出和增加值占比由OECD STAN数据库提供的2015年世界主要国家国内投入产出表整理得到[①]。为测度各国的投入产出关联系数，我们采用Eora全球多区域投入产出数据库

---

① 限于篇幅，这一部分的推导过程省略，感兴趣的读者可向作者索要。

（Eora MRIO）提供的2015年全球投入产出表，参考Ju等（2019）的方法将11个农业、采掘业和制造业部门拆分成61个可贸易部门，并据此估算各国的投入产出系数（$\widetilde{\delta_n^{jr}}$）。

同时，本文参考Lashkaripour和Lugovskyy（2020）以及Ju等（2019）的估计结果，对贸易弹性（$\sigma_j - 1$）、规模效益弹性（ψ_j）以及生产资料间替代弹性（μ_j）等参数进行校准。根据上述数据及参数估计结果，我们可以由（8）（13）（14）式进一步估计最终产品的消费支出占比（α_n^j）。值得注意的是，在本文的静态模型中各国均处于贸易平衡状态，即$\sum_j D_n^j = 0$，其中D_n^j代表n国j部门的贸易逆差。然而在现实数据中，各国的贸易总额可能处于非平衡状态。为了让模型与数据匹配，本文参考Ossa（2014）的方法，在保持贸易政策及其他参数不变的前提下，计算贸易平衡情境下模型达到均衡时的双边贸易额（$\widetilde{T_{ni}^j}$），并以此作为反事实分析（counterfactual analysis）的基准情境和比较基础。为保证均衡求解结果的可比性，我们在进行反事实分析时假设全球的名义工资收入总和保持不变。

（2）特征事实描述：RCEP框架下的关税减让

2020年11月，《区域全面经济伙伴关系协定》（RCEP）正式达成。RCEP的签署，意味着各缔约国将在货物贸易、服务贸易、对外投资等多个领域达成合作，区域内90%的货物贸易将在20—30年间降至零关税。值得注意的是，在RCEP签署之前，除中国、韩国尚未与日本达成自由贸易合作，区域内其余成员国之间均存在已生效的自贸协定。其中，中国与东盟、澳大利亚和新西兰之间基本已实现了90%货物贸易零关税；而中国对来自韩国的进口产品的零关税占比约为40%，对日本则不到10%。RCEP生效以后，中国对韩国、日本的货物贸易零关税比重将达到86%；与此同时，韩国、日本也将分别对来自中国的约86%和88%的产品施行零关税。由此可见，RCEP的签署意味着中国、日本、韩国这三个在产业链上高度互补的工业强国将首次达成高标准贸易合作，这对于亚太地区的制造业发展及其国际竞争力的提升将产生显著积极影响。为进一步分析RCEP框架下各国的关税减让特征，我们收集并整理了RCEP文本中的关税减让承诺表。需要指出的是，承诺表仍以2014年的关税税率为基础，其中部分产品的税率远高于各国的现行关税水平，缺乏参考价值。为了弥补这一缺陷，本文基于WITS数据库提供的各国最惠国税率及协定税率数据，构建了2019年HS六位产品层面的双边关税数据，并以此作为各国现阶段的基础税率。

3. RCEP的贸易和福利效应分析

（1）RCEP框架下各国福利总水平变化

基于理论推导，本文采用反事实分析方法对RCEP生效后各国的福利水平变化进行量化估计和结构分解，估计结果如表格6-2-1所示。结果表明，RCEP自贸区的建成将显著提升区域内成员国的福利水平，除以资源型产品出口为主的新西兰外，其余成员国的福利水平和实际工资均得到了显著提升，其中，日本和韩国的福利改善最为明显，以实际国民收入总额测度的福利水平分别相比于2019年提高了1.62%和1.20%，中国的福利水平也提升了约0.21%。而区域外的欧盟和美国则面临一定程度的负向冲击，福利水平相比于2019年下降了约0.04%。假设我们以2019年购买力平价国内生产总值作为各国基准情境下实际国民收入总额的代理变量，RCEP自贸区建成后，中国、韩国、日本的实际国民收入总额将在2019年的基础上分别增加473亿国际元、265亿国际元和847亿国际元，而欧盟和美国的实际国民收入总额将分别下降64亿国际元和82亿国际元。进一步地，我们将福利水平变化分解为贸易条件效应、利润转移效应、贸易额效应和规模效应。可以看出，中国、日本、韩国等制造业强国的福利水平提升主要来自制造业部门的产出扩张和利润提升。与此同时，关税水平的下降还促进了中日韩贸易额的增长，主要表现为贸易额效应的正向变化。在贸易转移效应下，欧盟、美国的福利水平呈现小幅下降。

表6-2-1　RCEP框架下各国福利水平变化及结构分解

国家	福利水平变化（%）					实际工资变化（%）
	总和	贸易条件	利润	贸易额	规模	
中国	0.210	−0.049	0.213	0.025	0.021	0.282
日本	1.618	0.174	1.202	0.085	0.156	1.568
韩国	1.195	−0.277	1.313	0.221	−0.062	1.920

国家	福利水平变化（%）					实际工资变化（%）
	总和	贸易条件	利润	贸易额	规模	
东盟	0.193	0.065	0.095	0.002	0.031	0.300
澳大利亚	0.377	0.167	0.140	0.001	0.068	0.325
新西兰	−0.227	0.319	−0.510	0.004	−0.040	−0.135
欧盟	−0.037	−0.002	−0.040	0.001	0.004	−0.058
美国	−0.037	−0.007	−0.028	−0.002	−0.001	−0.039
其他	−0.344	0.119	−0.366	0.014	−0.111	−0.197

（2）RCEP框架下各国分部门福利水平变化及结构分解

为进一步理解RCEP对各国福利水平的影响机制，我们估计了分部门的福利水平变化。[1]限于篇幅，本节我们仅选取RCEP主要成员国、欧盟以及美国受RCEP政策冲击影响较大的贸易优势部门予以重点研究。

表6-2-2总结了RCEP框架下中国主要贸易优势部门福利水平变化及其结构分解。作为亚太地区的制造业代工厂，RCEP的签署将会进一步密切中国与RCEP成员国之间的产业合作，并扩大我国在纺织服装鞋帽、计算机及通信设备等电子产品上的出口优势。从表6-2-2可以看出，RCEP自贸区建成后，中国纺织服装鞋帽和电子光学设备部门的出口产品价格相对于进口产品价格呈现下降趋势，贸易条件效应显著为负，这主要源自区域内贸易成本下降引致的成本节约效应，即关税减让会降低中国上述部门的中间投入品进口成本，降低生产成本和出口价格；据估计，RCEP自贸区建成后中国纺织品的生产成本及出口价格将会下降约0.92%。出口价格的下降会提升中国产品在国际市场上的竞争力，表现为纺织服装鞋帽和电子光学设备部门的利润水平显著提升，上述利

---

[1] 由（8）式可知，总产出满足 $X_n^j = \sum_{i=1}^{N} T_{ni}^j$，由双边贸易数据和总产出数据，我们可以对一国的内部贸易额 T_{nn}^j 进行校准。其中，老挝和缅甸的数据缺失，我们用其余八国的总产出和增加值数据估算东盟的总产出和增加值占比，采用的调整系数为其余八国占东盟GDP的比重。

润正向转移引致的福利改进对我国整体福利水平提升的贡献率约为60%。与此同时，伴随中日韩之间的进口关税减让，中国从日本、韩国进口的上游电子元器件、金属制品、化学制品和塑料橡胶的数量显著增加，表现为表6-2-2中的贸易额效应显著为正。在这样的情境下，劳动力更多地向出口优势部门聚集，纺织服装鞋帽及电子光学设备等部门的规模进一步扩张；而化学制品、塑料橡胶等部门面临的来自日韩的进口竞争加剧，生产规模则相对收缩，表现为表6-2-2中规模效应的下降。

表6-2-2　RCEP框架下中国主要贸易优势部门福利水平变化及结构分解

部门	福利水平变化（‰）				
	总和	贸易条件	利润	贸易额	规模
纺织服装鞋帽	0.596	−0.120	0.488	0.006	0.221
电子光学设备	0.488	−0.396	0.717	0.041	0.127
金属制品	0.035	−0.039	0.088	0.021	−0.035
化学制品	−0.083	−0.075	0.047	0.035	−0.090
塑料橡胶	−0.096	−0.043	−0.025	0.077	−0.105

就日本和韩国而言，RCEP建成后，中日韩之间的贸易壁垒大幅降低，贸易合作和产业互补性将会推动日本和韩国的工业品部门的产出扩张和福利提升。表格6-2-3总结了RCEP框架下日本和韩国主要贸易优势部门的福利水平变化及其结构分解。据估计，RCEP建成后日本和韩国的福利总水平将分别增加1.62%和1.20%。其中，日本的电子光学设备、金属制品、石油炼焦、塑料橡胶和化学制品部门的利润水平显著提升，生产规模显著扩大。特别地，日本的电子光学设备部门福利水平相比于2019年增长了约0.63%，其中，约78%来自于利润的正向转移效应，20%来自电子光学设备部门扩张带来的规模效益。而韩国的福利水平提升主要来自石油炼焦、化学制品和塑料橡胶部门的利润正向转移及产出规模扩张。另外，伴随中国在电子产品上的产出规模扩张和国际竞争力提升，韩国在计算机及通信设备出口上将面临来自中国的竞争和赶超，利润水平和产出规模均出现下滑。

表6-2-3　RCEP框架下日本和韩国主要贸易优势部门福利水平变化及结构分解

国家/部门	福利水平变化（‰）				
	总和	贸易条件	利润	贸易额	规模
日本					
电子光学设备	6.311	0.072	4.952	0.001	1.286
金属制品	3.101	0.120	2.463	0.011	0.507
石油炼焦	2.329	0.096	2.056	0.004	0.173
塑料橡胶	1.695	0.041	1.155	0.139	0.360
化学制品	1.487	0.023	1.118	0.120	0.226
韩国					
石油炼焦	8.842	−1.486	9.139	0.011	1.178
化学制品	4.915	−2.798	5.231	0.134	2.348
塑料橡胶	4.543	−1.467	4.428	0.139	1.443
交通运输设备	0.270	0.157	0.301	0.027	−0.215
电子光学设备	−2.091	1.762	−2.260	0.297	−1.890

　　而在地球的另一端，RCEP自贸区的建成将对欧盟和美国产生负面冲击。表格6-2-4总结了RCEP自贸区建成后欧盟和美国的主要贸易优势部门福利水平变化。可以看出，欧盟和美国的福利水平下降主要来自石油炼焦、化学制品、塑料橡胶等工业品部门的利润水平下降和规模收缩，这也反映了亚太制造业国际竞争力提升对欧美制造业的负向冲击。与此同时，欧盟的食品饮料、汽车等受到贸易冲击影响较小的部门，利润水平和产出规模有小幅提升，这可以理解为RCEP对欧盟内部产业结构调整的一般均衡影响——伴随石油炼焦、化学制品、塑料橡胶等部门的利润水平下降，失业工人逐渐从这些部门流出，向汽车等出口优势部门聚集，并促进了后者的相对规模扩张和规模效益的增加。于美国而言，RCEP自贸区的建成将会促进美国国内劳动力从化学制品、石油炼焦等重化工业部门进一步转移至农产品和食品饮料烟草部门，表现为前者规模的相对收缩和后者规模的相对扩张。

基于上述分析，我们可以将RCEP自贸区建成后世界主要国家的福利水平变化归纳为以下三点：第一，RCEP自贸区的建成将会进一步密切区域内国家的产业合作，各国将会基于自身的比较优势开展贸易合作，并推动出口优势部门的规模扩张和利润提升，推进成员国福利水平改善。第二，RCEP自贸区的建成将会显著促进中日韩三国的供应链合作，它们在产业链上的互补优势将会进一步凸显，并推动亚太地区制造业国际竞争力的进一步提升。第三，RCEP自贸区的建成将会对欧盟和美国的制造业产生负面冲击，特别地，欧盟和美国的石油炼焦、化学制品、塑料橡胶等初级制成品部门的利润水平和生产规模将显著下降。

表6-2-4　RCEP框架下欧盟和美国主要贸易优势部门的福利水平变化及结构分解

国家/部门	福利水平变化（‰）				
	总和	贸易条件	利润	贸易额	规模
欧盟					
石油炼焦	−1.134	−0.030	−0.924	−0.002	−0.178
化学制品	−0.906	0.441	−0.806	0.014	−0.555
塑料橡胶	−0.149	0.156	−0.212	0.003	−0.096
食品饮料烟草	0.224	−0.099	0.198	0.006	0.119
交通运输设备	0.093	−0.156	0.197	−0.008	0.060
美国					
石油炼焦	−0.419	−0.025	−0.329	−0.001	−0.064
化学制品	−0.191	−0.031	−0.098	−0.004	−0.058
纸制出版印刷	−0.036	−0.002	−0.024	0.000	−0.010
农矿产品	0.136	−0.032	0.096	0.000	0.072
食品饮料烟草	0.113	−0.038	0.091	0.005	0.055

（3）RCEP的贸易效应分析

RCEP对世界贸易格局的影响。为进一步探究RCEP签署对世界贸易格局的影响，我们估计了 RCEP 自贸区建成后世界贸易额的相对变化。当今世界的生产和交换活动主要围绕着以中日韩为核心的亚太地区、欧盟以及北美（美加墨）3 个地区开展，呈现"三足鼎立"的局面（鞠建东等，2020）。图 6-2-1 呈现了 RCEP 自贸区建成后这 3 个地区间的贸易格局变化。可以看出，RCEP 的签署将会显著促进亚太地区的贸易合作，RCEP 区域内部的贸易额将在 2019 年的基础上增加 4.78%（约 854 亿美元）。伴随 RCEP 区域内国家实际收入水平的提升，它们对于欧盟、美国出口产品的进口需求也将显著提升。与此同时，RCEP 国家对欧盟的出口将会增加约 26.4 亿美元，对美国的出口总额则基本保持不变。产生这一差异的主要原因在于：一方面，RCEP 的签署显著提高了中国的纺织服装、电子设备，以及韩国的石油化工等产品在欧美市场上的国际竞争力，并促进了 RCEP 对欧美出口总额的增加；另一方面，由于中日韩之间的双边关税减让主要集中于纺织服装、石油化工、电子光学设备等部门，对汽车的关税减让幅度相对较小，关税结构的调整促进了日本电子光学设备等部门的利润提升和规模扩张，并导致日本汽车部门生产规模的相对收缩，上述一般均衡影响下的产业结构调整将会减少美国从日本进口的汽车及其零部件，并抵消了从中国和韩国进口额的增加。就欧盟和美国的双边贸易额变化而言，RCEP 的签署将会一定程度上削弱欧盟和美国工业品在国际市场上的竞争力，贸易转移效应使得欧美之间的双边贸易额显著下降，其中，欧盟对美国的出口将在 2019 年基础上下降约 12.7 亿美元，从美国的进口将下降约 6.0 亿美元。

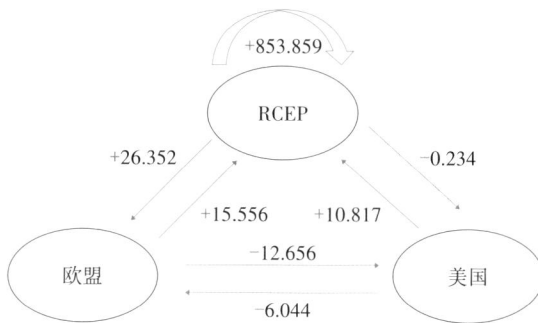

图 6-2-1　RCEP 下"三足鼎立"贸易格局变化（以 2019 年贸易额为基准情形）
注：全世界名义总产生保持不变，各国的贸易平衡保持不变；单位为亿美元。

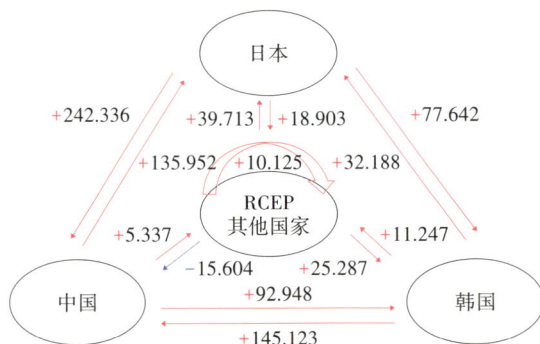

图6-2-2　RCEP区域内部的贸易格局变化（以2019年贸易额为基准情形）

RCEP与中日韩供应链一体化。图6-2-2进一步对RCEP区域内的贸易额增长进行了分解，具体而言，我们将RCEP区域内的贸易国分成中国、日本、韩国和RCEP其他国家。可以看出，RCEP区域内部成员国之间的贸易增加主要体现为中日韩三国的贸易联系加强。RCEP自贸区建成后，中日韩之间的贸易额将在2019年的基础上增加约726亿美元，约占RCEP区域内贸易总额增加量的85%。一方面，伴随中日韩之间贸易额的大幅增加，它们基于供应链的产业合作将继续巩固和加强，这一定程度上削弱了亚太地区对于欧盟和美国供应链的依赖。同时也应注意到，作为全球重要的消费市场，欧盟和美国在需求端对亚太地区的制造业发展仍然具有不可忽视的支撑作用。另一方面，伴随中国、日本、韩国之间的贸易联系加强，中国从日本、韩国进口的小型电子设备、化学制品等产品显著增加，在贸易转移效应下，中国从东盟国家的进口额呈现小幅下降。

4. 结论

本文构建了一个多国多部门结构模型，区分了各部门的要素投入强度、生产资料可替代性以及生产的规模效益差异，对RCEP的贸易和福利效应予以理论探讨和量化评估。本文的主要发现可总结为以下四点。第一，RCEP自贸区的建成显著降低了区域内的贸易成本和商品价格，特别是显著促进了中日韩一体化，贸易成本的下降巩固和加强了区域内产业合作，推动了成员国出口优势部门的规模扩张和利润提升。第二，量化分析表明，RCEP将显著提升除新西兰以外所有成员国的福利水平，在剔除价格变动后，中国、日本和韩国的实际总收入水平将分别在2019年的基础上增加约473亿国际元、847亿国际元和265亿国际元。同时，RCEP将会对欧盟和美国的制造业产生负面冲击，福利水平有轻微下降。第三，RCEP将显著促进亚太地区的贸易合作，RCEP区域内部的贸易额将在2019年的基础上增加约854亿美元，其中，约85%来自于中日韩之间贸易额的增长。中日韩之间基于供应链的产业合作继续巩固和加强，一定程度上削弱了亚太地区对于欧盟和美国供应链的依赖。第四，就产业结构调整而言，RCEP将有助于推动中日韩三国在信息技术产品等高科技部门的产业合作，降低我国从上游国家进口高科技零部件的成本，推动我国产业结构转型升级。

（三）数字贸易规则与中国制度型开放：未来向度和现实进路[①]

1. 数字贸易开放的全球动向与数字贸易规则的最新进展

A. 数字贸易开放的全球动向

2020年中国信息通信研究院发布的《数字贸易发展白皮书》指出，从业态上来看，数字贸易主要包括以货物贸易为主的跨境电商和以服务贸易为主的数字服务贸易。2020年数字贸易在逆势中平稳发展，日益成为全球经济复苏的新动力，未来也有望成为全球贸易增长的重要引擎。目前，各国都高度重视数字贸易的发展，提速数字贸易对外开放，与此同时，开放也对各国的数字贸易治理机制提出了更高的要求。

（a）疫情助推跨境电商的迅速发展

受疫情影响，线下消费强制转向线上消费带来消费习惯的巨大变化和在线购物活动的增加，加上安全、可靠、高速的数字技术的应用，共同支撑了跨境电子商务交易的快速增长。无论是面向采购商的B2B（Business-to-Business）还是面向最终消费者的跨境零售（Business-to-Consumer，B2C），都呈现积极的发展态势。2020年全球B2B电子商务交易额（主要包括在线市场平台的销售额和电子数据交换的交易额）高达7万亿美元，实现逆势增长。其中，B2B仍

[①] 本文汇报的分部门福利水平变化是经权重因子调整后的结果，不同部门间的福利水平变化线性加总后即得到一国福利总水平变化。

是全球跨境电商交易的主要模式，在国际贸易中的重要性进一步凸显，与此同时，作为全球贸易的重要补充，以小金额、大批量和分散化为特征的 B2C 跨境电商也在新冠疫情的助推下释放出巨大的发展潜力。B2C 模式不仅能降低交易成本、提升交易效率，还可以为受到疫情冲击的中小企业提供新的发展机遇，推动中小企业加速数字化转型，助力中小企业成为全球供应链的重要参与者。如图 6-3-1 所示，主要经济体的跨境 B2C 交易额占其全部 B2C 销售额的比重较小，B2C 跨境电商市场规模还有继续增长的空间。

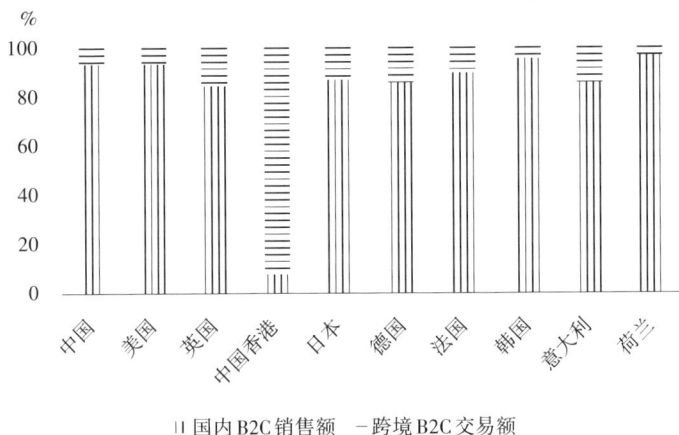

Ⅱ 国内 B2C 销售额　－ 跨境 B2C 交易额

图 6-3-1　主要经济体（地区）B2C 交易额结构

数据来源：UNCTAD。

（b）全球数字服务贸易发展不平衡

2020 年全球数字服务贸易出口额为 3.19 万亿美元，占服务贸易的比重进一步提升，高达 62.8%，全球数字服务贸易迎来发展新浪潮。然而全球数字服务贸易的发展格局并不平衡，面对数字服务在生产、交易和消费过程中出现的一系列问题（如数据出境安全评估困难、个人隐私和知识产权保护不当），各国基于本国的数字技术水平采取的差异化的应对措施会使各经济体的数字服务贸易开放水平存在显著差异，进一步还会引发循环累积的"马太效应"，导致发展中经济体的数字服务出口长期面临低水平"陷阱"。以美国为中心的发达经济体凭借其技术优势能够以更为开放的态度发展数字服务贸易，从而长期主导全球数字服务贸易市场；而对某些敏感领域的开放可能会使数字技术发展水平较低的经济体面临更大的风险与挑战，导致部分发展中国家在实践中倾向于采用形式多样的数字服务贸易限制措施（如数据本地化限制和劳动力市场测试等），这使发展中经济体的数字服务贸易开放水平明显低于发达经济体（见图6-3-2）。与此同时，由于发展中经济体设置的数字服务贸易壁垒限制程度不同（如俄罗斯是数据监管程度最高的国家之一，设立了严格的数据本地化管理要求；而印度则引入了多种数据跨境传输的可行机制，并设有豁免原则），发展中经济体集团内部的数字服务贸易开放水平也存在显著的差异，进一步加剧了全球数字服务贸易的不平衡发展趋势。

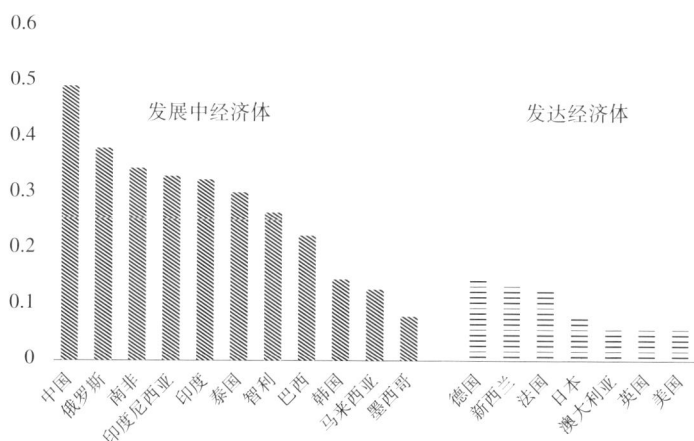

图6-3-2 2020年全球主要经济体数字服务贸易限制指数

资料来源：OECD DSTRI数据库。

B. 数字贸易规则的演进动向

随着数字经济向纵深发展，数字贸易规则逐渐成为当前国际经贸规则重构的重要内容。目前尚未形成一套为各国普遍接受的数字贸易规则或制度安排，大国面对日益增长的数字贸易治理需求与多边规则制定缺位之间的矛盾，各自形成了特色鲜明的治理方案。主要经济体围绕着数字贸易规则展开的激烈博弈也将深刻影响数字经济时代全球竞争的格局。

（a）"美式模板"在演进中兼顾高标准和灵活性

"美式模板"在向高标准持续推进的同时兼顾灵活性，这在不断演化升级的协定文本中有所体现。2018年美国、墨西哥和加拿大签订了USMCA，其中数字贸易章节涵盖了部分较为激进的做法；而在2019年美日签订的《美日数字贸易协定》（UJDTA）中，美日对 USMCA 中的激进措施进行调整，相关条款出现"部分回旋"，如 UJDTA 在强化知识产权保护和缩小"广播例外"实施范围的同时，将 USMCA 剔除的"知识产权例外"和"广播例外"重新纳入数字产品的非歧视待遇条款中。

（b）"欧式模板"呈现一种"积极的保护主义"

欧盟具有保护个人隐私的"历史惯性"，认为个人数据的所有权应当属于个体，因此在贸易协定谈判时非常注重对个人数据和隐私的保护。欧盟一直以来都主张在保证数据跨境自由流动的同时采取和维持适当的措施来确保对个人隐私数据的保护。为此，欧盟提供了多样化的个人数据跨境流动方式：若跨国公司所在国通过了"充分性认定"，属于欧盟数据跨境自由流动的白名单国家，那么个人数据可以向这些非欧盟国家和地区的跨国公司传输；若跨国公司所在国没有达到欧盟所要求的"充分保护"的水平，跨国公司可以向欧盟申请认定本公司约束性准则所提供的个人数据保护水平，若能通过认证，欧盟的个人数据也可以在这些跨国公司的内部进行传输。

（c）数字贸易治理的"新式模板"初见轮廓

新加坡、智利和新西兰于2020年缔结《数字经济伙伴关系协定》（DEPA），这是全球第一个涵盖数字经济问题的专项协定。DEPA 与新加坡其他的数码经济协定相辅相成，数字贸易治理的"新式模板"初见轮廓。DEPA 是首次在现有贸易和投资协定之外，单独提出关于数字经济的协定，具有开创性意义。作为一个高标准的数字经贸协定，DEPA 在内容上不但深度借鉴了《全面与进步跨太平洋伙伴关系协定》（CPTPP）中的数字贸易条款并对其进行细化归类，而且还对一系列创新性议题（如人工智能和金融科技）进行了最新的探索。

（d）亚太地区成为大国规则博弈的焦点

作为全球范围内数字贸易发展最快和最为繁荣的区域，亚太地区成为数字贸易大国规则博弈的新战场。2015—2021年，全球共有45个特惠贸易协定中包含电子商务（数字贸易）条款或章节，涉及51个国家或地区，其中亚太地区的国家表现最为活跃，掀起了一轮区域经济合作的热潮。美国和欧盟都在利用双边或区域贸易协定，积极拓展其在亚太地区的"数字贸易朋友圈"；新加坡分别于2020年和2022年与澳大利亚和英国签署了数字经济协议，旨在加强数字贸易领域的合作；中国也借力《区域全面经济伙伴关系协定》（RCEP），以更加开放的态度推动数字贸易发展。

（e）区域数字贸易治理的路径更具包容性

目前区域的数字贸易治理正沿着开展贸易协定谈判和制定非约束性原则这两种路径同时推进。2020年签订的RCEP和DEPA分别是这两种路径的代表性成果。与传统的贸易协定谈判不同，DEPA创新地采用了更为灵活的"模块化"结构设计，非约束性的承诺框架允许参加方不需要同意DEPA的全部内容，可以根据自身情况适当选择加入其中的部分模块并履行加入模块所要求的义务，这使协定更具包容性，可以吸引处于数字经济发展不同阶段的国家以灵活选择模块的方式参与高水平的数字经济多边合作，韩国和中国已在2021年正式提出申请加入DEPA。

（f）WTO下的电子商务谈判取得重大进展

2021年12月，持续3年的WTO电子商务谈判在无纸化交易、电子签名和验证等领域取得实质性进展，有望在2022年底前就大多数议题达成协议。共识集中在促进货物贸易电子化和便利化等"浅层规则"上，这些谈判成果将有力地增强消费者信心，提高电子商务活动的稳定性和可预测性，电子商务发展将面临重大红利。目前电子商务的诸边谈判在跨境数据自由流动和数字产品的非歧视待遇等尖锐问题上依旧进展缓慢，但联合声明表示2022年将针对这些高标准条款加强谈判。

2. 中国数字贸易开放的动向与政策取向

中国数字贸易规模快速扩张，2020年就已达到2947.6亿美元。在贸易规模上，中国是同美欧并驾齐驱的数字贸易大国，但是在开放水平和制度准备上，中国同其他数字贸易大国仍存在差距。

A. 中国国际话语权与自身数字贸易规模不相匹配

数字贸易的发展离不开国际协调与合作，构建数字贸易国际治理规则对于提振全球经济具有不可替代的作用，但"自上而下"的驱动方式导致短期内很难在WTO下就数字贸易的新议题取得实质性的进展。为了应对数字贸易中出现的若干具体问题，部分"志同道合"的国家绕开WTO，在双边或区域层面提出或组建了一系列高标准的贸易协定，搭建了不同的"规则俱乐部"。如图6-

3-3所示，全球数字贸易呈现"俱乐部"式的发展趋势，美国、日本和新加坡等发达经济体在多个"俱乐部"中发挥着重要作用，位于全球数字贸易圈的中心位置，而中国则处于边缘地带。

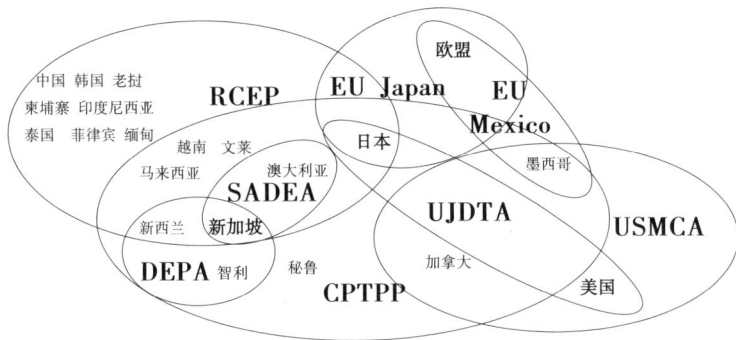

图6-3-3　包含数字贸易条款的双边和区域贸易协定

中国目前未能融入发达国家所主导的数字贸易圈，原因有二。一是中国被动地被排除在外。为了在国际规则等层面对中国进行制衡，美国积极拉拢其盟友，探索建立促进数字贸易便利化的"生态系统"和跨境数据流动的制度。随着拜登政府"印太战略"的推进，未来美国还会进一步地打压中国；二是针对发达国家重点关注的议题，中国还没有形成对外谈判的基本规则。整理中国签署的贸易协定，可以发现中国对数字贸易规则的关注还是集中在电子商务便利化等传统议题上，还未涉及"数字产品的非歧视待遇"等当前高标准数字贸易规则谈判的核心议题。中国既没有加入高水平的"数字贸易俱乐部"，也没有形成一套清晰统一、反映本国利益诉求的数字贸易规则体系，这使中国在当前激烈的数字贸易规则博弈中不占据优势地位。

B. 中国的数字贸易治理面临贸易壁垒较高的问题

贸易壁垒反映了自由贸易和国内监管之间的矛盾与冲突。中国在数据流动和数字服务贸易上存在较高壁垒，这些限制措施可能会抵消中国在数字贸易发展中的规模优势。一方面，2018年欧洲国际政治经济中心（European Centre for International Political Economy，ECIPE）发布了对全球64个国家和地区评估的数字贸易限制指数（Digital Trade Restrictiveness Index，DTRI）。在这些经济体中，中国的数据限制指数最高，其中最主要的数字贸易壁垒是对数据使用与跨境流动的限制；另一方面，OECD公布的数字部门监管措施异质性指数反映了国家间在数字服务部门拥有不同监管措施的加权份额。图6-3-4利用这一指数对2020年包括中国在内20个经济体的数字服务贸易限制程度进行比较。可以看到，欧盟内部各成员国之间对数字服务贸易的限制程度较低；美国与其盟友国家（如日本和加拿大）虽然尚未达到欧盟内部所实现的低水平限制，但这些国家共同签署的双边或区域层面的经贸协定对国内监管措施进行了一定程度的规制，显著地降低了彼此间在数字服务贸易上的壁垒；中国是数字服务贸易限制指数最高的国家，中国的监管措施不仅明显区别于发达国家，而且同印度尼西亚、马来西亚等发展中国家也存在一定的差异。

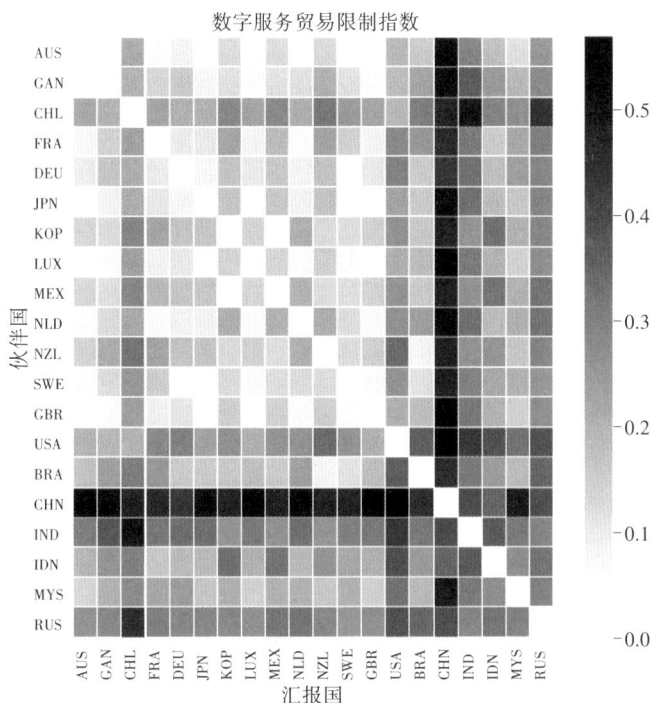

图6-3-4　数字服务贸易限制指数

资料来源：OECD DSTRI数据库。

C. 中国的数字贸易开放政策坚持安全与开放并重

面对具有争议的议题（如跨境数据流动），中国肯定相关领域的开放对经济发展的重要意义，但是出于对国内现有的监管框架和国家安全的重视，中国不会贸然地做出开放承诺，而是希望各方能够就开放问题开展更多的探索性讨论。在一定程度上，这反映了中国的监管技术还没有达到相应的水平、国内数字经济监管体系仍不够完善的问题。党的十八大以来，面对全球范围以数字经济为基础的竞赛，党中央高度重视发展数字经济，针对数字贸易的开放，相继推出一系列政策措施。一方面不断完善中国现行的法律制度建设，目前中国并没有专门针对数据跨境流动的立法，为了保障国家安全和公众利益，2017年以来国家陆续出台了保障网络系统安全、宏观数据安全和微观隐私安全的法律法规，三者共同搭建了保障中国信息数据监管法律框架，规范跨境数据流动；另一方面，国家就发展数字贸易陆续推出相关的具体规划与指导意见，通过打造数字贸易示范区，充分发挥示范区的辐射带动作用，实现数字贸易开放水平的有序提升。两方面的政策措施反映出中国在数字贸易开放中坚持安全与开放并重的政策导向。中国正积极探索促进数据合理有序流动的机制，但是数据出境必须接受安全审查的管理要求与美欧等发达国家的规则与制度还存在一定的冲突，因此中国目前还无法接受旨在强制性约束国内管制措施的相关规则条款。

D. 中国国内的法律建设仍滞后于国际规则的制定

如今，数字贸易规则主要体现在以美欧等发达国家为主导制定的经贸协定之中。美国虽然尚未在联邦层面形成统一的数据保护法，但长期以来凭借其强大的国际影响力直接将国内规则延伸至双边和多边层面，先后借助 USMCA 和 UJDTA 等经贸协定输出数字贸易规则的"美式模板"，实现了其数字贸易治理模式的推广；欧盟实施数字化单一市场战略，在内部积极消除各成员国之间数据自由流动的障碍，并于2018年实施《通用数据保护条例》（GDPR），不仅要求欧盟内部的企业要遵守 GDPR，凡是进入欧盟市场的域外企业，同样也要接受 GDPR 的监管，GDPR 已经成为数据保护法领域的"黄金标准"，欧盟的数据规制模式也通过"布鲁塞尔效应"得以输出。可以发现，美欧等发达国家在数字贸易领域的开放基本遵循国内规则与制度直接向区域和多边层面延伸的路径，以国内（域内）规则与实践为蓝本主导全球数字经贸规则的制定方向；而现阶段中国在数字贸易领域的开放是与主动对标高标准的国际经贸规则相联系的，以开放倒逼国内改革，从而推动中国的制度建设与制度创新。虽然近年来中国正从经贸规则的追随者、接受者向制定者和引领者转变，规则制定的能力也逐渐增强，但是对比美欧等发达国家，中国作为发展中国家对部分数字贸易规则的认识与研究仍需进一步深化。因此，相对于国际规则的制定，中国数字贸易开放制度化建设的步伐稍显缓慢。

3. 中国数字贸易开放与国际规则的差异性分析

中国是名副其实的电商大国，跨境电子商务的迅速增长对贸易规则的制定提出了迫切的要求，中国一直希望用规则来建立规范便利的电子商务交易环境以及营造安全可靠的电子商务市场环境。目前中国在无纸化贸易、电子签名和电子认证等贸易便利化问题和促进中小微企业电子商务发展及透明度等传统的电子商务议题上与美欧存在一定的共识，相关议题的谈判正在WTO下顺利推进，但中国在部分争议议题上的主张同"美式模板"和"欧式模板"仍存在一定的差异。差异既是阻碍多边数字贸易规则达成的障碍，也是未来谋求全球数字贸易合作的基础。本节聚焦数据的跨境传输与管理、数字产品与服务以及数字知识产权保护这三个核心议题，通过对标高标准的国际规则，对中国数字贸易的开放进行差异性分析。

A. 开放广度：有待进一步拓展

中国数字贸易的开放与国际规则的差异首先体现在开放的广度上。与"美式模板"和"欧式模板"相比，目前中国签订的贸易协定已经覆盖了数据的跨境传输与管理和其他议题下的主要内容，但在数字产品与服务以及数字知识产权保护等议题上，中国尚未做出具体的开放承诺，现已签订的贸易协定均不包含相关条款，具体内容见表6-3-1。其中部分议题因涉及国家安全和产业安全，中国持有保留态度，对相关领域的开放仍保持审慎，如源代码非强制本地化；还有部分议题是对原有规则的扩展，反映了美欧数字贸易治理的新变化，中国尚需一定时间梳理相关条款的内容并评估其影响，如加密技术的保护。

表6-3-1　数字贸易开放广度的差异

核心议题	相关条款	美式模板	欧式模板	中国
数据的跨境传输与管理	跨境数据自由流动	√	√	√
	计算设施非强制本地化	√	√	√
	个人信息保护	√	√	√

续表

核心议题	相关条款	美式模板	欧式模板	中国
数字产品与服务	国际：数字传输免关税	√	√	√
	国内：开征数字服务税	×	√	未涉及
	给予数字产品非歧视待遇	√	未涉及	未涉及
	将广播内容纳入非歧视待遇	√	×	未涉及
数字知识产权保护	源代码非强制本地化	√	√	未涉及
	加密技术的保护条款	√	未涉及	未涉及
	交互式计算机服务	√	未涉及	未涉及
其他	在线消费者保护	√	√	√
	无纸化贸易	√	√	√
	电子认证、电子签名或数字证书	√	√	√
	促进中小微企业电子商务发展	√	√	√
	透明度	√	√	√

资料来源：作者整理，"√"表示主体签订的协定中包含此条款。

无论是"美式模板"还是"欧式模板"均承认免征电子传输关税对数字贸易的重要意义，主张禁止对电子传输征收关税，双方争论的焦点在于数字服务。近年来，数字技术的发展使数字企业突破了时间和空间的限制，企业可以在无物理性常设机构的情景下向其他国家和地区提供跨境数字服务，这对以往的征税准则发起了挑战。部分欧盟成员国认为在数字贸易中由于纳税主体难以识别导致其从可数字化商品中获取的税收收入减少，从而支持开征数字服务税；而美国作为数字服务的主要提供国，其数字企业如Google，由于海外营业收入占比较高，自然而然成为主要的征税对象，美国认为数字服务税会使其在数字贸易中的得利减少，因此反对欧盟的单边主义行径；目前中国已签订的贸易协定中还未涉及数字服务税的问题，但中国一直以来都反对单边措施，主张通过加强国际税收的合作与协调，使税收方案更具公平性。

给予数字产品非歧视待遇意味着一国如果决定开放特定的数字产品市场，

必须向国内外同类的数字产品提供同样的开放水平。该条款一直以来都是美国在数字贸易治理领域的核心诉求之一，在 USMCA 和 UJDTA 的协议本文中均有所体现。USMCA 剔除了"知识产权例外"和"广播例外"，成为对"数字产品的非歧视待遇"设定开放水平最高的贸易协定；欧盟则一直强调保持民族文化独立的重要性，在其签署的经贸协定中一般都会包含"视听例外"的条款，严格限制域外文化的侵入，美欧在该条款下存在一定分歧；中国则认为相关领域的开放过于敏感和复杂，还不具备开放的条件，为了推进谈判，中国建议充分了解各谈判国国内的行业发展状况、历史文化传统以及法律制度方面的差异。

知识产权侵权问题是美欧的重要关切，利益诉求反映在源代码保护、加密技术的保护和交互式计算机三个条款之中。

一是源代码保护，软件源代码或该源代码中表示的算法已经成为一项具有极高价值的知识产权，为了维护本国的核心竞争力和商业利益，美国加强了对源代码的保护，将"源代码开放禁令"扩展适用于"基础设施软件"；欧盟同美国立场相同，希望缔约国不将源代码披露作为市场准入的条件，但同时列举了允许强制披露源代码的情形；中国的利益诉求与"欧式模板"有一定的重合，中国于 2017 年施行《中华人民共和国网络安全法》，在涉及国家安全的几个方面，《网络安全法》明确要求软件所有人转让或允许获取其源代码或算法，但是到目前为止中国都未将源代码议题纳入经贸规则的讨论之中（如 RCEP 只承诺就源代码问题进一步开展对话），中国需要依据本国国情，尽快确定符合本国发展情况的源代码与算法规制路径，并以此作为参与贸易谈判的基础。二是加密技术的保护，加密是保证隐私数据与核心技术安全的重要工具，关系数字安全问题。针对这一问题，《跨太平洋伙伴关系协定》（TPP）第 8 章的附件 8—B 中就有详细的规定与说明，相关表述陆续被 CPTPP 和 DEPA 所继承。DEPA 的第 3.4.1 条明确加密技术的保护适用于使用密码术的信息通信技术产品（ICT），不包括金融工具；第 3.4.3 条规定缔约方不得强制实施或设立技术性贸易壁垒作为制造、进口或使用相关产品的条件而要求产品制造商或供应商向缔约国转让或使其可获取产品中密码术相关的特定技术或其他信息；第 3.4.4 条对第 3.4.3 条做出了进一步的说明，体现了"国家安全例外"。美国在 UJDTA 中更是将加密技术的保护内容单独增列，凸显了其强化数字知识产权保护的强硬立场，而欧盟和中国目前均未在其签订的贸易协定中涉及该项条款。三是交互式计算机服务，USMCA 明确豁免互联网服务提供商（Internet Service Providers, ISPs）在第三方非知识产权侵权行为中承担的连带责任，这也意味着 ISPs 对第三方的知识产权侵权行为仍需要承担连带责任；2019 年欧盟表决通过的《数字化单一市场版权指令》中设置了"过滤器"条款，在形式上不要求但实质上要求 ISPs 履行一般过滤义务；中国的《电子商务法》第四十五条规定电子商务平台经营者应当对其知道或者应当知道平台内经营者侵犯知识产权的行为采取必要措施，否则承担连带责任。可以发现在面临用户生成内容所引发的知识产权侵权问题时，美国、欧盟和中国三大经济体在国内立法上对 ISPs 责任条款的设定存在一定差异。

B. 开放深度：有待进一步加深

在开放深度上，中国数字贸易的开放对比国际规则也存在一定差异，具体体现在对特定规则细节设定的不同。近年来各国在设定数字贸易章节或协定文本时，注重在程序上进行完善，逐渐从"软约束"过渡到"硬约束"。"软约束"是指缔约方"尽最大努力"遵守某一条款或原则，但是该条款非强制执行，约束力较弱；"硬约束"则是指可强制执行的条款，当缔约国之间无法通过磋商等方式解决条款的解释和适用分歧时，可以诉诸争端解决机制，并遵守其规则与裁决，从而增强了条款的约束力。

中国已在 2021 年正式提出申请加入 CPTPP 和 DEPA，与数字经济发展有关的规则是上述两份协定的重要内容。表 6-3-2 整理了 UJDTA、CPTPP、DEPA 和 RCEP 这四个经贸协定在数字贸易开放深度上的差异，其中 RCEP 是目前中国唯一签署并实施的贸易协定。横向对比可以发现中国在开放深度上的差异集中体现在数据跨境传输与管理这个议题上。

表 6-3-2　数字贸易领域开放深度的差异

核心议题	主要内容	UJDTA	CPTPP	DEPA	RCEP
数据的跨境传输与管理	跨境数据自由流动	极少数例外	√√	√	√
	计算设施非强制本地化	极少数例外	√√	√	√

续表

核心议题	主要内容	UJDTA	CPTPP	DEPA	RCEP
数据的跨境传输与管理	接入和使用互联网开展电子商务的原则	合理管理	合理管理	合理管理	未涉及
数字产品与服务	国际：数字传输免关税	√√	√√	√√	√
	国内：开征数字服务税	基于非歧视原则	未涉及	未涉及	未涉及
	给予数字产品非歧视待遇	√√	√√	√	未涉及
数字知识产权保护	源代码非强制本地化	√√	√√	未涉及	承诺进一步开展对话
	加密技术的保护条款	√√	√√	√	未涉及
	交互式计算机服务	√√	未涉及	未涉及	未涉及

资料来源：作者整理，"√"为软约束，表示该条款不具有约束力或约束较小"√√"为硬约束，表示该条款可强制执行，包含少数例外条款。

数据的流动与管理是数字贸易开展的重要基础。与 CPTPP 和 DEPA 相同，RCEP 在文本中明确规定缔约方不得限制跨境数据的流动和采取计算设施本地化措施，但同时也认可缔约方可能有各自的监管要求（UJDTA 剔除该项），允许实施"实现合法的公共政策目标所必要的措施"。这种设定根植于 WTO 框架下 GATS 协定第 14 条的一般例外条款，但是 RCEP 与 CPTPP 和 DEPA 对公共政策目标例外的文本表述存在一定差异，这可能会引发例外适用问题，对中国当前采取或维持的跨境数据流动限制措施或数据本地化措施构成现实挑战。

CPTPP 和 DEPA 规定缔约方为实现合法的公共政策目标可以采取或保持一定措施，但是（1）措施的实施方式不得构成任意或不合理歧视或变相限制贸易的手段；（2）措施不得施加超过实现目标要求的限制。RCEP 存在三点核心差异：一是在规定公共政策目标正当性时增加了"其认为"的表述，这意味着允许缔约方自行决定限制性措施对于实现其正当公共政策目标的必要性；二是新增了"保护其'基本安全利益'所必需的任何措施"的规定，不但没有明确说明哪些必要措施出于"基本安全利益的考虑"，而且还要求其他缔约方不得对此类措施提出异议；三是RCEP对电子商务章节设定了争端解决条款不适用规则，规定缔约方不得就电子商务章下产生的任何事项诉诸争端解决，由此形成了一种"软约束"。DEPA只是规定"数字产品非歧视待遇""跨境传输信息""计算设施位置"和"加密信息通信技术产品"这四项条款不适用争端解决。CPTPP则对电子商务章节下的各项施加了"强约束"，仅有马来西亚和越南两国在特定期限内不受争端解决的限制。综上，虽然RCEP在"跨境数据自由流动"与"计算设施非强制本地化"两个议题上提出了禁止性规定，但考虑到各国当前的数字贸易发展水平，仍保留了一个"开口"，设置了较为宽泛的公共政策目标例外，对许多限制和监管措施并没有绝对禁止。

数据已经成为一种关键的生产要素，但是跨境数据流动面临全球治理的制度赤字，尚未建立具有主导性的跨境数据流动多边治理机制。美国一直以来高举"数据自由主义"大旗，利用其在数字产业的全球领导优势，引导世界各地的数据流向美国，为带动本国数字经济发展和拉动科技创新提供更多的数据资源。一方面，"美式模板"不断削减隐私和安全例外，忽略他国对数据监管的诉求，极力主张更为"自由"的跨境数据流动方案（如UJDTA就剔除了TPP中"认可成员方的自身规制要求"的表述）；另一方面，为了遏制战略竞争对手的发展，美国于2020年正式实施《外国投资风险审查现代化法案》（*FOREIGN INVESTMENT RISK REVIEW MODERNIZATION ACT OF* 2018，FIRRMA），扩大对外国投资的审查范围，并对在其境内经营的外资企业所收集的基础设施数据的流动加以限制，美国政府还于2018年签署了《澄清境外数据的合法使用法案》（CLOUD），试图扩大国内法的域外适用范围，通过"长臂管辖"满足跨境调取数据的执法需求；CPTPP是日本领导并推进达成的高标准自贸协定，其数字贸易章节基本保留了美国主导TPP谈判时所达成的内容，因此其数据流动的开放水平明显低于美日最新达成的UJDTA；新加坡力图寻找一条更加平衡的中间道路来探索数据跨境流动的合作机制，在尊重各国国内监管需求的基础上，向缔约国提供便利性的条款而非约束性的规则；中国在数据治理中一直强调数据安全，对跨境数据自由流动持保守态度。虽然近年来中国就平衡数据自由流动和国家主权安全进行了积极探索，但数据流动的开放水平仍需进一步提升，到目前为止RCEP仍是中国所缔结的经贸协定中对跨境数据自由流动呈现最为开放态度的协定。

C. 进一步划分：发展性差异与诉求性差异

在规则谈判中，各方间的妥协与竞争背后是利益与价值之间的较量。利益指商业利益，这是永恒的话题，可以交换；而价值是一种理念，具有相对稳定性，基于不同社会生活环境所形成的价值观不同，且价值本身难以交换。中国目前正在积极融入全球高标准数字贸易治理体系，这需要梳理CPTPP和DEPA的规则条款，明确本国的利益与价值，思考相关规则在中国的适用性。价值观之间的冲突会增加规则谈判的难度，但是只要各方之间存在共同利益，就仍有希望在关注的议题上达成一致，共同利益是谋求全球数字贸易合作的现实基础。因此，基于利益和价值的双层视角，可以将规则主张的差异划分为发展性差异和诉求性差异，如图6-3-5所示。发展性差异更多反映了各国利益之间的博弈，虽然价值取向存在差异，但仍可以通过利益交换达成一致；诉求性差异则突出了各方互不妥协的价值观，价值观的冲突导致各方很难就相关议题达成一致。

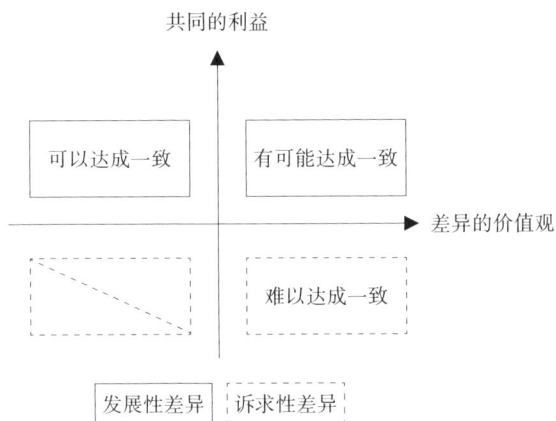

图6-3-5　发展性差异与诉求性差异

对照CPTPP和DEPA中的数字贸易规则，可以发现目前中国在数字贸易开放水平上的差异基本上都属于发展性差异，并不涉及诉求性差异的范畴。虽然对某些领域的开放（如跨境数据流动）会对中国造成一定的压力，但是解决这些问题是中国进一步开放、进一步融入全球数字贸易治理体系、进一步提升话语权的必然要求，与中国的改革同向而行，符合中国未来的发展利益。中国可以通过深化改革达到 CPTPP 和 DEPA 的规则标准，接受高标准的开放条款。其中，按照接受的难易程度可以将发展性差异划分为接受难度较小的条款和接受难度较大的条款。接受难度小表示中国不但具有开放的意愿而且还具备开放的能力，这意味着中国的监管技术发展到位，国内的制度建设可以为相关领域的高水平开放"兜底"，如"加密技术的保护"和"交互式计算机服务"。在完善立法上，2020 年《中华人民共和国密码法》颁布实施，将密码划分为核心密码、普通密码和商用密码，其中前两者用于保护国家秘密信息，商业密码则保护不属于国家秘密的信息，并规定任何组织或个人不得窃取他人加密保护的信息，这与国际高水平贸易规则的要求基本一致；在加强执法上，中国近年来严厉打击知识产权侵权行为，不断强化对网络视频、音乐及云盘等领域主要网络服务商的重点监管，落实平台的知识产权保护责任。与之相反，接受难度较大就意味着中国具备开放的意愿，但是开放的能力存在欠缺。目前中国对某些领域的（如源代码）监管仍不到位，国内制度建设不够完善，还无法抵御和化解开放所带来的风险。成本与收益不匹配导致中国现阶段接受相关规则条款的难度较大，仍需进一步加快国内相关领域的制度体系改革。

参考文献

［1］Bernard Hoekman, Charles Sabel. Open Plurilateral Agreements, International Regulatory Cooperation and the WTO ［J］. Global Policy, 2019, 10 （3）: 297-312.

［2］Caliendo L, Feenstra R C, Romalis J, Taylor A M. Tariff Reductions, Entry and Welfare: Theory and Evidence for the Last Two Decades ［R］. NBER Working Paper, 2015.

［3］Caliendo L, Parro F. Estimates of the Trade and Welfare Effects of NAFTA ［J］. The Review of Economic Studies, 2015, 82 （1）: 1-44.

［4］Christian Bluth, Bernard Hoekman. Revitalizing Multilateral Governance at the World Trade Organization ［R］. Report of the High-Level Board of Experts on the Future of Global Trade Governance, Bertelsmann Stiftung, 2018.

［5］Dekle R, Eaton J, Kortum S. Unbalanced Trade ［J］. American Economic Review, 2007, 97 （2）: 351-355.

［6］EatonJ, KortumS, Kramarz F. An Anatomy of International Trade: Evidence from French Firms ［J］. Econometrica, 2011, 79 （5）: 1453-1498.

［7］EatonJ, Kortum S. Technology, Geography, and Trade ［J］. Econometrica, 2002, 70 （5）: 1741-1779.

［8］Gary Winslet. Critical Mass Agreements: The Proven Template for Trade Liberalization in the WTO ［J］. World Trade Review, 2018, 17 （3）: 405-426.

［9］John Ruggie. International Regimes, Transactions, and Change: Embedded Liberalism in the Postwar Economic Order [J]. International Organization, 1982, 36 (2)：379-415.

[10] Ju J, Ma H, Wang Z, Zhu X. Trade Wars and Industrial Policies along the Global Value Chains [R]. Working Paper, 2019.

[11] Lashkaripour A, Lugovskyy V. Profits, Scale Economies, and the Gains from Trade and Industrial Policy [R]. Working Paper, 2020.

[12] Li Q, Moon H C. The Trade and Income Effects of RCEP：Implications for China and Korea [J]. Journal of Korea Trade, 2018, 22 (3)：306-318.

[13] Li X, Yao Y. Asia-Pacific Integration and within a Broader Trans-Pacific Partnership Agreement [J]. China Economic Journal, 2014, 7 (2)：221-236.

[14] Manfred Elsig, Thomas Cottier. Reforming the WTO：the Decision-making Triangle Revisited [R]. Governing the World Trade Organization：Past, Present and Beyond Doha, Cambridge University Press, 2011.

[15] Ossa R. Trade Wars and Trade Talks with Data [J]. American Economic Review, 2014, 104 (12)：4104-4146.

[16] Petri P A, Plummer M G, Zhai F. The Trans-Pacific Partnership and Asia-Pacific Integration：A Quantitative Assessment [R]. Policy Analyses in International Economics 98, Peterson Institute for International Economics, 2012.

[17] Richard Baldwin. Understanding the GATT's Wins and the WTO's Woes [R]. CEPR Policy Insight, 2010.

[18] Robert Keohane, Jr. Joseph S. Nye. Between Centralization and Fragmentaion：The Club Model of Multilateral Cooperation and Problems of Democratic Democracy [R]. KSG Working Paper, 2001.

[19] Wenwei Guan. Consensus Yet Not Consented：A Critique of the WTO Decision-Making by Consensus [J]. Journal of International Economic Law, 2014, 17 (1)：77-104.

［20］曹慧．欧盟碳边境调节机制：合法性争议及影响［J］．欧洲研究，2021（6），75-94．

［21］曾令良．《中欧伙伴与合作协定》谈判：问题、建议与展望［J］．中国社会科学，2009（2）：121-135+206-207．

［22］陈靓，黄鹏．WTO现代化改革——全球价值链与多边贸易体系的冲突与协调［J］．国际展望，2019（1），16-34．

［23］陈伟光，钟列炀．全球数字经济治理：要素构成、机制分析与难点突破［J］．国际经济评论，2022，No.158（2）：60-87+6．

［24］陈雯．试析东盟自由贸易区建设对东盟区内贸易的影响［J］．世界经济，2002（12）：40-46．

［25］戴艺晗．WTO数字贸易政策与区域主义多边化进程［J］．国际贸易，2021，No.479（11）：15-22+43．

［26］韩剑，许亚云．RCEP及亚太区域贸易协定整合——基于协定文本的量化研究［J］．中国工业经济，2021（7）：81-99．

［27］鞠建东，余心玎，卢冰，李昕．全球价值链网络中的"三足鼎立"格局分析［J］．经济学报，2020，7（4）：1-20．

［28］孔庆江．美欧对世界贸易组织改革的设想与中国方案比较［J］．欧洲研究，2019（3），38-56．

［29］李春顶，郭志芳，何传添．中国大型区域贸易协定谈判的潜在经济影响［J］．经济研究，2018，53（5）：132-145．

［30］刘斌，潘彤．美国对华投资并购安全审查的最新进展与应对策略［J］．亚太经济，2019，No.213（2）：101-111+151-152．

［31］刘冰，陈淑梅．RCEP框架下降低技术性贸易壁垒的经济效应研究——基于GTAP模型的实证分析［J］．国际贸易问题，2014（6）：91-98．

［32］陆燕．国际贸易新规则：重构的关键期［J］．国际经济合作，2014（8），4-8．

［33］彭冬冬，林珏．"一带一路"沿线自由贸易协定深度提升是否促进了区域价值链合作？［J］．财经研究，2021，47（2）：109-123．

［34］丘东晓．自由贸易协定理论与实证研究综述［J］．经济研究，2011，

46（9）：147-157.

[35] 盛建明，钟楹．关于WTO"协商一致"与"一揽子协定"决策原则的实证分析及其改革路径研究 [J]．河北法学，2015（8），45-57.

[36] 孙林，周科选．区域贸易政策不确定性对中国出口企业产品质量的影响——以中国—东盟自由贸易区为例 [J]．国际贸易问题，2020（1）：127-143.

[37] 屠新泉，石晓婧．重振WTO谈判功能的诸边协议路径探析 [J]．浙江大学学报（人文社会科学版），2021（5），211-226.

[38] 王佳宜，王子岩．个人数据跨境流动规则的欧美博弈及中国因应——基于双重外部性视角 [J]．电子政务，2022，No.233（5）：99-111.

[39] 王克智．数字服务税立场和税制的国际比较与应对 [J]．税务研究，2021，No.440（9）：77-83.

[40] 王岚．数字贸易壁垒的内涵、测度与国际治理 [J]．国际经贸探索，2021，37（11）：85-100.

[41] 王子，周雁翎．结构模型在国际贸易研究中的应用 [J]．中国工业经济，2019（4）：62-80.

[42] 徐清军，高波．WTO改革的发展议题之争及解决之道——"共同但有区别的责任"视角 [J]．世界经济与政治，2019（12），134-150.

[43] 徐泉．WTO"一揽子承诺"法律问题阐微 [J]．法律科学（西北政法大学学报），2015（1），147-157.

[44] 薛敬孝，张伯伟．东亚经贸合作安排：基于可计算一般均衡模型的比较研究 [J]．世界经济，2004（6）：51-59.

[45] 鄢雨虹．国际经贸协定中的源代码规则新发展及中国立场 [J]．武大国际法评论，2021，5（3）：97-117.

[46] 鄢雨虹．数据跨境流动规制中的正当公共政策目标例外及中国因应 [J]．兰州学刊，2022，No.342（3）：106-119.

[47] 余盛峰．从GATT到WTO：全球化与法律秩序变革 [J]．清华法治论衡，2014（10），92-103.

[48] 余振．全球数字贸易政策：国别特征、立场分野与发展趋势 [J]．国

外社会科学，2020，No.340（4）：33-44.

　　[49] 张亚斌，范子杰. 国际贸易格局分化与国际贸易秩序演变 [J]. 世界经济与政治，2015（3），30-46.

　　[50] 赵旸頔，彭德雷. 全球数字经贸规则的最新发展与比较——基于对《数字经济伙伴关系协定》的考察 [J]. 亚太经济，2020，No.221（4）：58-69+149.

　　[51] 郑宇. 21世纪多边主义的危机与转型 [J]. 世界经济与政治，2020（8），126-153.

　　[52] 周念利，陈寰琦. 数字贸易规则"欧式模板"的典型特征及发展趋向 [J]. 国际经贸探索，2018，34（3）：96-106.

　　[53] 周念利，王达. 拜登执政后 OECD 框架下数字服务税谈判前景展望 [J]. 亚太经济，2021，No.226（3）：47-53.

　　[54] 周念利，吴希贤. 美式数字贸易规则的发展演进研究——基于《美日数字贸易协定》的视角 [J]. 亚太经济，2020，No.219（2）：44-51+150.

后　记

　　《国际经贸规则年度观察报告》是我们团队（国际经贸规则量化分析团队）试图打造的"拳头"产品，以此为基础，我们团队每月会定期发布公众号文章，第一时间解读最新国际经贸规则。在此基础上，本团队计划建立公益性国际经贸规则量化分析数据库，共分为五大子库，分别是国际经贸规则文本数据库、国际贸易投资数据库、国际经贸规则预测数据库、国际经贸规则研究文献数据库与重要作者数据库。本团队计划将未来的年度报告聚焦于某一主题或重点国家，进行深入的专题研究。当然，更为长远的计划，我们试图撰写"本科—硕士—博士"系列教材，为学生了解国际经贸规则提供专业知识，同时也为立志于国际经贸规则学术研究的研究生提供学术方向和研究范式的指引。

　　本报告的撰写离不开团队成员的付出，我们团队学术能力很强，成员均来自国内知名高校，成员具有经济学与计算机科学学科交叉背景。包括对外经济贸易大学的李川川老师（主要负责CPTPP新成员预测分析和FTA生效活跃度部分）、李建桐老师（主要负责WTO谈判活跃度和重点国家或地区国际经贸规则谈判动态部分）、秦若冰老师（主要负责RCEP和CPTPP贸易与投资网络分析部分），这三位老师是对外经济贸易大学的青年才俊，博士毕业于清华大学、南开大学等国内经济学领域的顶尖高校，在量化技术方面具备很强的能力。团队也精选招入了几位优秀的博士和硕士研究生（排名不分先后），包括对外经济贸易大学的崔楠晨博士（主要参与RCEP条款解读和WTO渔业补贴部分）、上海财经大学的吕斌博士（主要参与FTA签订概率预测和CPTPP新成员预测部分）、复旦大学的甄洋博士（主要参与CPTPP、RCEP以及DEPA条款解读部分）、中国人民大学的邹恬华硕士（主要参与RCEP和CPTPP贸易与投资网络分析部分、DEPA条款解读部分）、对外经济贸易大学的周睿强硕士（主要参与

WTO服务贸易国内规制、WTO投资便利化部分），这些博士和硕士研究生都与我建立了紧密的学术合作关系。此外，感谢对外经济贸易大学刘玥君博士和吕沁阳、侯秉玺、张亚妮、刘睿思、刘丽、于诗文硕士的贡献。由于报告撰写工作主要是在春节假期，大家牺牲假期休息时间，按时高质量完成了报告的撰写，殊为不易，有时候针对某个议题，经常在微信上讨论到深夜，有些团队成员甚至刚刚"阳康"，就投入写作之中，大家对我安排的任务都是任劳任怨，从来没有说"不"，让我深受感动，在此对团队的付出和奉献表示由衷的感谢。由于报告的提纲主要由我策划，大家主要围绕我的想法进行写作，可能有些想法并不是最优选择，甚至有时候我的想法的改变给大家写作带来了不少困惑，在此对大家对我的迁就表示由衷的谢意。学术一定要有一个坚持的方向，我一直给团队成员"洗脑"，我们要一直坚持做下去，即使刚开始有些粗糙，即使刚开始没有高水平成果的产出，也不要紧，只要坚持就会形成影响力。

本报告的顺利完成离不开教育部、学校各部门领导的大力支持。在此，特别感谢对外经济贸易大学副校长王强教授对国际经贸规则研究的支持，王校长指导我们加强与数字经济实验室的合作，就此，我们也专门拜访请教了数字经济实验室杨军主任，未来在成果发布和数据库建设中我们会有进一步深入合作。特别感谢对外经济贸易大学中国世界贸易组织研究院院长屠新泉研究员一直以来对我们团队的指导，报告中的几个重要选题也是由屠院长亲自策划，屠院长对研究问题和方向上的肯定，使我备受鼓舞。特别感谢国家（北京）对外开放研究院常务副院长王颖研究员对我们建立国际经贸规则数据库的支持，这为我们构建起"报告—数据库—教材"一体化研究提供了很好的方向。十分感谢国家对外开放研究院庄芮书记、中国世界贸易组织研究院戴臻主任帮助我们定期完成报告在微信号和学院网站上的审核与推送。特别感谢对外经济贸易大学信息学院李兵教授在文本分析和网站设计上提供的帮助。同时，感谢经济日报出版社领导、编辑认真的工作，编辑校对工作很烦琐，事无巨细，在此表示由衷的谢意。感谢汗青传媒王军总经理对章节结构和文字校对的建议，使得报告更为完善。当然，在写作和编校的过程，许多领导、朋友、学生都给予了大力支持，在此不一一列示。

最后，特别感谢教育部哲学社会科学研究重大课题攻关项目"全球经贸规则重构背景下的 WTO 改革研究"（21JZD023）的支持，重大课题项目的立项在某种程度上指明了我未来学术研究的方向。特别感谢对外经济贸易大学国家（北京）对外开放研究院智库科研团队专项经费资助（2023TD05）的支持。同时感谢世界贸易组织教席项目（WCP）、对外经济贸易大学"双一流"建设项目"强化中国特色新型高校智库育人功能——国际经贸规则量化分析"（78220301）、对外经济贸易大学中央高校基本科研业务费专项资金资助（22QD13）、对外经济贸易大学 2022 年度课程思政研究课题资助（74223301）的支持。

特别感谢我的博士后合作导师裴长洪教授的指导和肯定，增强了我研究的信心。特别感谢鞠建东教授在我研究方向上的指引，清华大学国际金融与经济研究中心的兼职工作使我获益良多。

在我们报告撰写过程中，中国世界贸易组织研究的领军人薛荣久教授离开了我们。薛荣久教授每次著作发表，都会赠送给我院每一位老师一本亲笔签名书，我有幸能够第一时间阅读学习，这不仅增加了我对国际经贸规则的深层次了解，也在某种程度上坚定了我学术研究的方向。我们希望继承他的事业，发国际贸易之思想声音、立百年变局之时代潮头。薪火相传、继往开来，在国际经贸规则的研究领域，发出贸大学者的声音。

我们处在变化最快的时代，也是思想孕育最好的时代，我们需要做的是不负历史，与时代同频共振。

刘　斌

2023 年春节于家中